ब्राह्मण

उत्पत्ति, गोत्र और परम्परा

(गोत्र, प्रवर, शाखाएँ और इतिहास)

लेखक- डॉ. रजनीश कुमार शर्मा

प्रथम संस्करण- 2026

प्रकाशक-

होमिओपैथिक चिकित्सा एवम् अनुसंधान संस्थान,

डा0 रजनीश मार्ग, मुरादाबाद रोड, काशीपुर (उत्तराखंड) 244713

समर्पण

उन सभी पूर्वजों, ऋषियों, गुरुओं और परिवारों को, जिन्होंने ज्ञान, परम्परा और स्मृति को पीढ़ी-दर-पीढ़ी सुरक्षित रखा।

और उन पाठकों को, जो इतिहास को पूर्वाग्रह नहीं, बल्कि सत्य और विवेक की दृष्टि से समझना चाहते हैं।

लेखक की ओर से

प्रिय पाठक,

ब्राह्मण, गोत्र और भारतीय समाज का विषय अत्यन्त जटिल और है। इस विषय पर बहुत-सी धारणाएँ, मान्यताएँ और विवाद प्रचलित हैं। कुछ लोग ब्राह्मणों को केवल एक जाति के रूप में देखते हैं, कुछ उन्हें ज्ञान और संस्कृति का प्रतीक मानते हैं, और कुछ उन्हें सामाजिक असमानता से जोड़ते हैं।

मैंने इस पुस्तक में प्रयास किया है कि इन सभी पक्षों को सन्तुलित रूप से रखा जाए। यह पुस्तक किसी जाति का महिमामण्डन या अपमान करने के लिए नहीं लिखी गयी है। इसका उद्देश्य है— इतिहास, गोत्र, परम्परा, समाज और आधुनिक भारत के बीच सम्बन्ध को समझना।

यदि यह पुस्तक आपको अपने परिवार, अपने गोत्र, अपने इतिहास और भारतीय समाज को अधिक गहराई से समझने में सहायता दे सके, तो मेरा प्रयास सफल होगा।

— डॉ. रजनीश कुमार शर्मा

भूमिका

यह पुस्तक केवल ब्राह्मणों की उत्पत्ति या गोत्रों की सूची देने के लिए नहीं लिखी गयी है। इसका उद्देश्य एक ऐसे विषय को सन्तुलित, ऐतिहासिक और प्रमाण-आधारित दृष्टि से समझना है, जिसके विषय में आज बहुत भ्रम, विवाद और पूर्वाग्रह हैं।

भारतीय समाज में 'ब्राह्मण' शब्द अनेक अर्थों में प्रयुक्त होता है। कभी यह एक जाति का नाम है, कभी एक धार्मिक परम्परा का, और कभी ज्ञान, तप, विनय और सत्य के आदर्श का। इसी कारण इस विषय पर चर्चा करते समय अक्सर दो अतियाँ दिखाई देती हैं—एक ओर अन्ध-गौरव, दूसरी ओर पूर्ण निन्दा।

यह पुस्तक इन दोनों अतियों से बचते हुए यह समझने का प्रयास करती है कि ब्राह्मण परम्परा वास्तव में क्या रही, उसका विकास कैसे हुआ, उसमें क्या अच्छाइयाँ और क्या सीमाएँ रहीं, और आधुनिक भारत में उसका क्या स्थान है।

इस पुस्तक में हमने वैदिक काल, उपनिषद, महाकाव्य, बौद्ध-जैन युग, मध्यकाल, औपनिवेशिक युग, आधुनिक भारत, गोत्र, प्रवर, शाखाएँ, उपनाम, सामाजिक सुधार, राजनीति, विज्ञान, साहित्य और भविष्य—इन सभी विषयों पर विस्तार से चर्चा की है।

यदि यह पुस्तक पाठक को अपने इतिहास और समाज को अधिक गहराई और निष्पक्षता से समझने में सहायता दे सके, तो इसका उद्देश्य पूर्ण होगा।

इस पुस्तक का उपयोग कैसे करें

यह पुस्तक विभिन्न प्रकार के पाठकों के लिए उपयोगी है।

सामान्य पाठक

यदि आप केवल यह जानना चाहते हैं कि ब्राह्मण कौन हैं, गोत्र क्या है, और भारतीय इतिहास में उनकी भूमिका क्या रही, तो अध्याय 1–9 और 18–20 पढ़ना पर्याप्त होगा।

गोत्र और परिवार जानने वाले पाठक

यदि आप अपने परिवार, उपनाम, गोत्र और शाखा के विषय में जानना चाहते हैं, तो अध्याय 3, 10, 11, 12 और 19 विशेष रूप से उपयोगी होंगे।

विद्यार्थी और शोधार्थी

यदि आप इतिहास, समाजशास्त्र, जाति, वर्ण और सामाजिक सुधार का अध्ययन कर रहे हैं, तो अध्याय 6–18 और परिशिष्ट विशेष रूप से उपयोगी होंगे।

पुस्तक की संरचना

- अध्याय 1–5: वैदिक और उपनिषदिक आधार
- अध्याय 6–9: ऐतिहासिक विकास
- अध्याय 10–12: शाखाएँ, उपनाम, गोत्र

- अध्याय 13–17: साहित्य, समाज, राजनीति, सुधार
- अध्याय 18–21: आधुनिक भारत और निष्कर्ष

विषय-तालिका

अध्याय 1 ब्रह्म और सृष्टि-उत्पत्ति सिद्धांत

(Brahman and the Theory of Creation)

भारतीय दर्शन के इतिहास में यदि किसी एक प्रश्न ने सर्वाधिक गहन चिन्तन को जन्म दिया है, तो वह है—यह जगत् क्या है, इसकी उत्पत्ति कैसे हुई, और इसके पीछे कौन-सी परम सत्ता कार्यरत है? वेद, उपनिषद, दर्शन और पुराण—सभी इस प्रश्न का उत्तर अपने-अपने दृष्टिकोण से देते हैं। भारतीय चिन्तन की विशेषता यह है कि वह किसी एक निश्चित मत पर आग्रह नहीं करता, बल्कि विभिन्न सम्भावनाओं, अनुभूतियों और दार्शनिक प्रतिपादनों को स्थान देता है।

इस अध्याय में हम 'ब्रह्म' की अवधारणा, सृष्टि की उत्पत्ति, वैदिक और उपनिषदिक सिद्धान्तों, विभिन्न दार्शनिक सम्प्रदायों के मतों तथा आधुनिक विज्ञान के साथ उनके तुलनात्मक सम्बन्ध का अध्ययन करेंगे।

1.1 ब्रह्म की अवधारणा: परम सत्य, चेतना और अस्तित्व

भारतीय दर्शन में 'ब्रह्म' वह परम सत्ता है जो समस्त अस्तित्व का आधार है। 'ब्रह्म' शब्द संस्कृत धातु 'बृह्' से बना है, जिसका अर्थ है—विस्तार होना, बढ़ना, महान होना। अतः ब्रह्म वह है जो अनन्त है, सर्वव्यापक है और जिसके बाहर कुछ भी नहीं है।

उपनिषदों में ब्रह्म को न केवल जगत् का कारण कहा गया है, बल्कि स्वयं अस्तित्व, ज्ञान और आनन्द का स्वरूप माना गया है। तैत्तिरीय उपनिषद कहता है:

"सत्यं ज्ञानमनन्तं ब्रह्म।"

अर्थात् ब्रह्म सत्य है, ज्ञान है और अनन्त है। इसी उपनिषद में आगे कहा गया है:

"यतो वा इमानि भूतानि जायन्ते, येन जातानि जीवन्ति, यत्प्रयन्त्यभिसंविशन्ति, तद् विजिज्ञासस्व, तद् ब्रह्म।"

अर्थात् जिससे समस्त प्राणी उत्पन्न होते हैं, जिससे वे जीवित रहते हैं और जिसमें अन्ततः विलीन हो जाते हैं—उसी को ब्रह्म कहा जाता है।

छान्दोग्य उपनिषद का महावाक्य—

"सर्वं खल्विदं ब्रह्म।"

यह प्रतिपादित करता है कि यह सम्पूर्ण जगत् ब्रह्म ही है। वस्तुतः उपनिषदों में ब्रह्म कोई दूरस्थ देवता नहीं, बल्कि प्रत्येक जीव, प्रत्येक कण और सम्पूर्ण अस्तित्व में व्याप्त परम चेतना है।

ब्रह्म के दो रूप

उपनिषद और वेदान्त ब्रह्म के दो रूप बताते हैं:

1. **निर्गुण ब्रह्म** – जिसमें कोई गुण, रूप, नाम, आकार या विशेषता नहीं है। वह शुद्ध चेतना और निरपेक्ष सत्य है।

2. **सगुण ब्रह्म** – वही परम सत्ता जब जगत् के संचालन के लिए रूप, गुण और व्यक्तित्व ग्रहण करती है, तब उसे ईश्वर, विष्णु, शिव, देवी आदि नामों से जाना जाता है।

अद्वैत वेदान्त के अनुसार निर्गुण ब्रह्म ही अंतिम सत्य है, जबकि सगुण ईश्वर उसकी व्यावहारिक अभिव्यक्ति है।

1.2 ब्रह्म, ईश्वर, आत्मा और प्रकृति में अंतर

भारतीय दर्शन में इन चारों शब्दों का प्रयोग अक्सर साथ-साथ होता है, किन्तु इनका अर्थ समान नहीं है।

अवधारणा	**अर्थ**	**भूमिका**
ब्रह्म	परम, निरपेक्ष सत्य	सम्पूर्ण अस्तित्व का आधार
ईश्वर	वही ब्रह्म जब सृष्टि का नियन्ता माना जाए	सृष्टि, पालन और संहार का कर्ता
आत्मा	जीव के भीतर स्थित चेतना	व्यक्ति का वास्तविक स्वरूप
प्रकृति	भौतिक जगत् की मूल शक्ति	पदार्थ, ऊर्जा और परिवर्तन का आधार

उपनिषदों का प्रतिपादन है कि आत्मा और ब्रह्म में अन्ततः कोई भेद नहीं है। बृहदारण्यक उपनिषद का महावाक्य "अहं ब्रह्मास्मि" इसी सत्य की घोषणा करता है।

किन्तु सांख्य दर्शन इस विषय में भिन्न मत रखता है। उसके अनुसार 'पुरुष' (चेतना) और 'प्रकृति' (पदार्थ) दो स्वतंत्र तत्व हैं। वेदान्त जहाँ सबको एक मानता है, वहीं सांख्य द्वैतवादी है।

1.3 वैदिक सृष्टि सिद्धांत: नासदीय सूक्त

ऋग्वेद का नासदीय सूक्त (ऋग्वेद 10.129) भारतीय चिन्तन का अत्यन्त गूढ़ और दार्शनिक पाठ है। यह सृष्टि की उत्पत्ति पर कोई निश्चित दावा नहीं करता, बल्कि प्रश्न उठाता है।

"नासदासीन्नो सदासीत्तदानीं

नासीद्रजो नो व्योमा परो यत्।"

अर्थात् उस समय न सत् था, न असत्; न आकाश था, न अन्तरिक्ष।

यह सूक्त उस आदिम स्थिति का वर्णन करता है जहाँ न समय था, न मृत्यु, न अमरता, न दिन, न रात। केवल 'तदेकम्'—एक परम सत्ता—मात्र विद्यमान थी। आगे सूक्त कहता है:

"कामस्तदग्रे समवर्तताधि।"

अर्थात् प्रारम्भ में 'काम' अर्थात् इच्छा उत्पन्न हुई। यही इच्छा सृष्टि की प्रथम प्रेरणा बनी।

यह विचार अत्यन्त महत्वपूर्ण है, क्योंकि यहाँ सृष्टि किसी यांत्रिक प्रक्रिया का परिणाम नहीं, बल्कि चेतना और इच्छा से उत्पन्न घटना मानी गयी है।

नासदीय सूक्त की विशेषताएँ

- यह किसी व्यक्तिगत देवता को सृष्टिकर्ता नहीं मानता।
- यह प्रश्न पूछता है, उत्तर थोपता नहीं।

- यह स्वीकार करता है कि शायद कोई भी नहीं जानता कि सृष्टि कैसे हुई।
- अन्तिम मन्त्र में यहाँ तक कहा गया है कि संभव है, स्वयं परम देवता भी न जानता हो।

यह विनम्रता भारतीय दार्शनिक परम्परा की सबसे बड़ी विशेषता है।

1.4 उपनिषदों में सृष्टि की व्याख्या

उपनिषदों में सृष्टि को केवल बाहरी जगत् की उत्पत्ति नहीं माना गया, बल्कि चेतना के विस्तार के रूप में देखा गया।

तैत्तिरीय उपनिषद

तैत्तिरीय उपनिषद के अनुसार ब्रह्म से क्रमशः:

- आकाश
- वायु
- अग्नि
- जल
- पृथ्वी

की उत्पत्ति हुई। यह पंचमहाभूतों का सिद्धान्त है।

ऐतरेय उपनिषद

ऐतरेय उपनिषद के अनुसार ब्रह्म ने पहले लोकों की रचना की, फिर देवताओं और अन्ततः मनुष्य की। मनुष्य को इसलिए सर्वोच्च माना गया क्योंकि उसी में आत्मचिन्तन की क्षमता है।

माण्डूक्य और अद्वैत दृष्टि

माण्डूक्य उपनिषद और गौड़पादाचार्य के अनुसार सृष्टि वस्तुतः वास्तविक नहीं, बल्कि माया है। जैसे स्वप्न में अनेक वस्तुएँ दिखती हैं, किन्तु जागने पर वे मिथ्या सिद्ध होती हैं, वैसे ही यह जगत् भी अन्ततः ब्रह्म का ही आभास है।

1.5 विभिन्न दर्शनों में सृष्टि की व्याख्या

(क) सांख्य दर्शन

सांख्य के अनुसार सृष्टि का कारण प्रकृति है। प्रकृति में तीन गुण—सत्त्व, रजस और तमस—निहित हैं। जब इन गुणों का संतुलन बिगड़ता है, तब सृष्टि का विकास आरम्भ होता है।

(ख) वेदान्त

वेदान्त के अनुसार ब्रह्म ही उपादान और निमित्त दोनों कारण है। अर्थात् वही पदार्थ भी है और वही कर्ता भी।

(ग) विशिष्टाद्वैत

रामानुजाचार्य के अनुसार जगत् और जीव, ब्रह्म के शरीर के समान हैं। वे ब्रह्म से भिन्न भी हैं और उससे जुड़े हुए भी।

(घ) द्वैत

मध्वाचार्य के अनुसार जीव, जगत् और ईश्वर सदा-सदा से भिन्न हैं। सृष्टि ईश्वर द्वारा निर्मित है, किन्तु ईश्वर और जीव कभी एक नहीं हो सकते।

(ङ) तन्त्र और शाक्त मत

तन्त्र में सृष्टि का मूल 'शक्ति' मानी गयी है। शिव शुद्ध चेतना हैं और शक्ति उसकी गतिशील अभिव्यक्ति। सम्पूर्ण सृष्टि शिव और शक्ति के संयोग से उत्पन्न होती है।

1.6 आधुनिक विज्ञान और वैदिक दर्शन

आधुनिक विज्ञान में ब्रह्माण्ड की उत्पत्ति के लिए सर्वाधिक स्वीकृत सिद्धान्त 'बिग बैंग' है। इसके अनुसार लगभग 13.8 अरब वर्ष पूर्व सम्पूर्ण ब्रह्माण्ड अत्यन्त सूक्ष्म, सघन और उष्ण अवस्था में था। फिर अचानक उसका विस्तार हुआ और समय, स्थान, पदार्थ तथा ऊर्जा की उत्पत्ति हुई।

यह विचार नासदीय सूक्त की उस अवस्था से मिलता-जुलता प्रतीत होता है जहाँ न समय था, न आकाश, न पदार्थ।

क्वांटम फील्ड और ब्रह्म

आधुनिक भौतिकी के अनुसार ब्रह्माण्ड की मूल इकाई कण नहीं, बल्कि 'क्वांटम फील्ड' है। इलेक्ट्रॉन, प्रोटॉन और अन्य कण वास्तव में इन अदृश्य क्षेत्रों की तरंगें हैं।

यह विचार उपनिषदों के "सर्वं खल्विदं ब्रह्म" के निकट प्रतीत होता है। जैसे उपनिषद कहता है कि सम्पूर्ण जगत् एक ही परम सत्ता की अभिव्यक्ति है, वैसे ही आधुनिक विज्ञान कहता है कि सम्पूर्ण ब्रह्माण्ड एक ही मूल ऊर्जा-क्षेत्र की विभिन्न अभिव्यक्तियाँ हैं।

किन्तु यहाँ सावधानी आवश्यक है। यह कहना कि उपनिषदों ने आधुनिक विज्ञान को पहले ही जान लिया था, अतिशयोक्ति होगी। दोनों की भाषा, पद्धति और उद्देश्य अलग हैं।

वैदिक दर्शन	**आधुनिक विज्ञान**
अनुभव और ध्यान पर आधारित	प्रयोग और गणना पर आधारित
चेतना को मूल मानता है	पदार्थ और ऊर्जा को मूल मानता है
उद्देश्य आत्मज्ञान	उद्देश्य वस्तुनिष्ठ ज्ञान

इसलिए दोनों में समानताएँ हैं, पर उन्हें पूर्णतः समान नहीं माना जा सकता।

1.7 क्या प्राचीन ऋषि आधुनिक विज्ञान जानते थे?

यह प्रश्न आजकल अत्यन्त लोकप्रिय है। अनेक लोग दावा करते हैं कि वेदों में समस्त आधुनिक विज्ञान पहले से मौजूद है। दूसरी ओर कुछ लोग यह मानते हैं कि वेद केवल धार्मिक ग्रन्थ हैं।

सत्य इन दोनों के बीच है।

प्राचीन ऋषियों ने ब्रह्माण्ड, प्रकृति, चेतना और जीवन पर गहन चिन्तन किया। उन्होंने ऐसे प्रश्न उठाए जो आज भी आधुनिक विज्ञान के लिए चुनौती हैं। उन्होंने सृष्टि की उत्पत्ति, चेतना, पदार्थ

और अस्तित्व पर अद्भुत अन्तर्दृष्टियाँ दीं। किन्तु उन्होंने आधुनिक विज्ञान की तरह गणितीय समीकरण, प्रयोगशाला या दूरबीन का उपयोग नहीं किया।

अतः यह कहना अधिक उचित होगा कि:

- ऋषियों ने दार्शनिक और आध्यात्मिक स्तर पर उन प्रश्नों को समझा जिन्हें आधुनिक विज्ञान भौतिक स्तर पर समझने का प्रयास कर रहा है।
- दोनों के बीच संवाद सम्भव है।
- परन्तु दोनों को एक-दूसरे का पूर्ण विकल्प नहीं माना जा सकता।

निष्कर्ष

भारतीय दर्शन में 'ब्रह्म' केवल एक धार्मिक अवधारणा नहीं, बल्कि अस्तित्व, चेतना और ब्रह्माण्ड के मूल प्रश्नों का उत्तर खोजने का प्रयास है। नासदीय सूक्त की जिज्ञासा, उपनिषदों की आध्यात्मिक दृष्टि, वेदान्त का अद्वैत, सांख्य का द्वैत, तन्त्र की शक्ति और आधुनिक विज्ञान का बिग बैंग—ये सभी एक ही रहस्य को विभिन्न कोणों से देखने का प्रयास हैं।

अन्ततः भारतीय चिन्तन हमें यह सिखाता है कि सत्य केवल बाहर नहीं, भीतर भी खोजा जाना चाहिए। सृष्टि का रहस्य केवल तारों और ग्रहों में नहीं, बल्कि मनुष्य की चेतना में भी छिपा है।

अध्याय 2 वर्ण व्यवस्था के मूल सिद्धांत: गुण, कर्म और स्वभाव का विश्लेषण

(Original Principles of Varna System: Analysis of Guna, Karma and Svabhava)

भारतीय समाज के इतिहास में वर्ण व्यवस्था जितनी चर्चित, विवादास्पद और गलत समझी गई है, उतनी शायद ही कोई अन्य सामाजिक व्यवस्था रही हो। आधुनिक समय में 'वर्ण' और 'जाति' को अक्सर एक ही समझ लिया जाता है, जबकि प्राचीन भारतीय ग्रंथों में दोनों की प्रकृति, उद्देश्य और कार्यप्रणाली भिन्न थी। प्रारम्भिक वैदिक युग में वर्ण व्यवस्था का आधार जन्म नहीं, बल्कि व्यक्ति के गुण, कर्म और स्वभाव माने गये थे। समय के साथ यह व्यवस्था कठोर, वंशानुगत और जाति-आधारित बनती गयी, जिसके कारण समाज में असमानता और विभाजन बढ़ा।

इस अध्याय का उद्देश्य वर्ण व्यवस्था को उसके मूल स्वरूप में समझना, उसके ऐतिहासिक विकास का अध्ययन करना, तथा यह देखना है कि कैसे एक लचीली सामाजिक-आर्थिक व्यवस्था बाद में जन्म-आधारित जाति संरचना में बदल गयी। साथ ही, आधुनिक समाजशास्त्र और इतिहास के आलोक में इसकी आलोचना और पुनर्पाठ भी किया जाएगा।

2.1 'वर्ण' शब्द का अर्थ और उत्पत्ति

'वर्ण' शब्द संस्कृत धातु 'वृ' से बना है, जिसका अर्थ है—चुनना, वर्गीकृत करना, अलग करना। प्रारम्भिक वैदिक साहित्य में वर्ण का अर्थ रंग, स्वरूप या श्रेणी भी था। ऋग्वेद में 'आर्य' और 'दास' के लिए भी कभी-कभी वर्ण शब्द का प्रयोग मिलता है, किन्तु बाद के ग्रंथों में इसका अर्थ समाज के कार्यात्मक वर्गों से जुड़ गया।

भारतीय समाज को चार प्रमुख वर्णों में विभाजित किया गया:

1. ब्राह्मण – ज्ञान, शिक्षा और धर्म के संरक्षक
2. क्षत्रिय – शासन, रक्षा और प्रशासन के दायित्वधारी
3. वैश्य – कृषि, पशुपालन, व्यापार और अर्थव्यवस्था से जुड़े लोग
4. शूद्र – सेवा, श्रम, शिल्प और उत्पादन से जुड़े वर्ग

इन चारों वर्णों का उद्देश्य समाज को कार्य-विभाजन के आधार पर व्यवस्थित करना था। यह व्यवस्था आदर्श रूप से सहयोग पर आधारित थी, न कि श्रेष्ठता या हीनता पर।

2.2 पुरुषसूक्त और वर्णों की उत्पत्ति

वर्ण व्यवस्था का सबसे प्राचीन उल्लेख ऋग्वेद के पुरुषसूक्त (ऋग्वेद 10.90) में मिलता है। इसमें कहा गया है:

"ब्राह्मणोऽस्य मुखमासीद् बाहू राजन्यः कृतः।

ऊरू तदस्य यद्वैश्यः पद्भ्यां शूद्रो अजायत॥"

अर्थात् विराट पुरुष के मुख से ब्राह्मण, भुजाओं से क्षत्रिय, जंघाओं से वैश्य और पैरों से शूद्र उत्पन्न हुए।

इस मन्त्र की कई व्याख्याएँ हुई हैं। परम्परागत दृष्टि इसे चार वर्णों की दिव्य उत्पत्ति मानती है। किन्तु आधुनिक विद्वान इसे प्रतीकात्मक मानते हैं:

- मुख – ज्ञान और वाणी का प्रतीक, इसलिए ब्राह्मण
- भुजाएँ – शक्ति और शासन का प्रतीक, इसलिए क्षत्रिय
- जंघाएँ – आर्थिक आधार और स्थिरता, इसलिए वैश्य
- पैर – सम्पूर्ण समाज को चलाने वाला श्रम, इसलिए शूद्र

अतः पुरुषसूक्त का उद्देश्य समाज के विभिन्न कार्यों को एक विराट सामाजिक शरीर के अंगों के रूप में दिखाना था। यहाँ किसी को ऊँचा या नीचा नहीं कहा गया, बल्कि यह बताया गया कि प्रत्येक वर्ग समाज के लिए आवश्यक है।

किन्तु यह भी ध्यान देने योग्य है कि पुरुषसूक्त ऋग्वेद के अपेक्षाकृत बाद के अंशों में माना जाता है। सम्भवतः जब समाज अधिक संगठित और जटिल हुआ, तब इस प्रकार का वर्गीकरण आवश्यक समझा गया।

2.3 गीता का सिद्धांत: गुण, कर्म और स्वभाव

भगवद्गीता में वर्ण व्यवस्था का सबसे स्पष्ट और महत्त्वपूर्ण सिद्धांत मिलता है। भगवान कृष्ण कहते हैं:

"चातुर्वर्ण्यं मया सृष्टं गुणकर्मविभागशः।" (गीता 4.13)

अर्थात् चारों वर्णों की रचना मैंने गुण और कर्म के आधार पर की है। यहाँ 'जन्म' का कहीं उल्लेख नहीं है।

गीता के अठारहवें अध्याय में प्रत्येक वर्ण के गुण बताए गये हैं:

ब्राह्मण के गुण

"शमो दमस्तपः शौचं क्षान्तिरार्जवमेव च।

ज्ञानं विज्ञानमास्तिक्यं ब्रह्मकर्म स्वभावजम्॥"

अर्थात् शान्ति, इन्द्रिय-निग्रह, तप, शुद्धता, क्षमा, सरलता, ज्ञान, विज्ञान और आस्तिकता—ये ब्राह्मण के स्वाभाविक गुण हैं।

क्षत्रिय के गुण

"शौर्यं तेजो धृतिर्दाक्ष्यं युद्धे चाप्यपलायनम्।"

वैश्य के कर्म

"कृषिगौरक्ष्यवाणिज्यं वैश्यकर्म स्वभावजम्।"

शूद्र का कार्य

"परिचर्यात्मकं कर्म शूद्रस्यापि स्वभावजम्।"

यहाँ स्पष्ट है कि वर्ण का आधार व्यक्ति की प्रकृति और कर्म था। यदि किसी व्यक्ति में ज्ञान और तप के गुण हैं, तो वह ब्राह्मण है; यदि उसमें साहस और नेतृत्व है, तो वह क्षत्रिय है।

2.4 वर्ण परिवर्तन के उदाहरण

यदि वर्ण जन्म से निर्धारित होता, तो प्राचीन भारतीय साहित्य में वर्ण परिवर्तन के उदाहरण नहीं मिलते। किन्तु अनेक कथाएँ बताती हैं कि व्यक्ति अपने गुण और कर्म के अनुसार वर्ण बदल सकता था।

विश्वामित्र

विश्वामित्र मूलतः एक क्षत्रिय राजा थे। कठोर तपस्या और वेदज्ञान के कारण उन्हें ब्रह्मर्षि की उपाधि मिली। यह इस बात का सबसे बड़ा उदाहरण है कि ब्राह्मणत्व जन्म से नहीं, साधना और ज्ञान से प्राप्त होता था।

वाल्मीकि

वाल्मीकि का प्रारम्भिक जीवन एक शिकारी या डाकू के रूप में वर्णित है। बाद में वे महान ऋषि बने और रामायण की रचना की।

सत्यकाम जाबाल

छान्दोग्य उपनिषद में सत्यकाम जाबाल की कथा आती है। उनकी माता को उनके पिता का ज्ञान नहीं था। फिर भी जब सत्यकाम ने गुरु गौतम के सामने सत्य कहा, तो गुरु ने कहा:

"नैतदब्राह्मणो विवक्तुमर्हति।"

अर्थात् ऐसा सत्य केवल ब्राह्मण ही बोल सकता है। और उन्हें ब्रह्मचर्य में प्रवेश दिया गया।

वेदव्यास

वेदव्यास की माता सत्यवती एक मछुआरे समुदाय से थीं, किन्तु वे स्वयं वेदों के संकलक और महाभारत के रचयिता बने।

इन उदाहरणों से स्पष्ट है कि प्रारम्भिक भारतीय समाज में वर्ण का सम्बन्ध वंश से अधिक गुण और कर्म से था।

2.5 वर्ण और जाति में अंतर

आज 'वर्ण' और 'जाति' को एक ही माना जाता है, जबकि दोनों अलग अवधारणाएँ हैं।

आधार	वर्ण	जाति
संख्या	केवल 4	हजारों
आधार	गुण, कर्म, स्वभाव	जन्म और वंश
परिवर्तन	सम्भव	लगभग असम्भव
क्षेत्र	सम्पूर्ण भारतीय समाज	क्षेत्रीय और स्थानीय
उद्देश्य	कार्य-विभाजन	सामाजिक पहचान

जाति (जाति, जाट, बिरादरी) बाद के समय में विकसित हुई। यह स्थानीय व्यवसायों, विवाह सम्बन्धों, उपनामों, गोत्रों और क्षेत्रीय परम्पराओं से जुड़ी थी। उदाहरण के लिए, एक ही ब्राह्मण वर्ण के भीतर अनेक जातियाँ और उपजातियाँ बन गयीं—कान्यकुब्ज, मैथिल, सारस्वत, सनाढ्य, त्यागी आदि।

इसी प्रकार वैश्य वर्ण के भीतर बनिया, अग्रवाल, माहेश्वरी, लोढ़ा आदि अनेक जातियाँ विकसित हुईं।

2.6 वर्ण से जाति तक: ऐतिहासिक परिवर्तन

प्रश्न उठता है कि यदि प्रारम्भिक व्यवस्था लचीली थी, तो वह जन्म-आधारित क्यों बन गयी?

इसके कई कारण थे:

1. कृषि और स्थायी बसावट

जब समाज स्थायी कृषि-आधारित हुआ, तब परिवारों ने अपने व्यवसाय पीढ़ी-दर-पीढ़ी अपनाने शुरू किए। इससे वंशानुगत व्यवसाय बने।

2. सामाजिक स्थिरता की आवश्यकता

राज्य और प्रशासन के विकास के साथ समाज को स्थिर और पूर्वानुमेय वर्गों में बाँटना आसान था।

3. धार्मिक और वैवाहिक शुद्धता

गोत्र, विवाह और भोजन सम्बन्धी नियमों ने जातियों को अलग-अलग समूहों में बाँध दिया।

4. राजनीतिक कारण

राजाओं ने समाज पर नियन्त्रण बनाए रखने के लिए ब्राह्मणों और अन्य जातियों को विशेषाधिकार दिए। इससे वर्ग स्थायी हो गये।

5. विदेशी आक्रमण और सामाजिक भय

मुस्लिम और अन्य विदेशी आक्रमणों के बाद समाज ने अपनी पहचान बचाने के लिए जातीय सीमाएँ और कठोर कर दीं।

इस प्रकार धीरे-धीरे वर्ण की लचीली अवधारणा जाति की कठोर व्यवस्था में बदल गयी।

2.7 मनुस्मृति और जन्म-आधारित व्यवस्था

मनुस्मृति और अन्य धर्मशास्त्रों में वर्ण को अधिक जन्म-आधारित रूप में प्रस्तुत किया गया। मनुस्मृति में अन्तर्जातीय विवाह, मिश्र जातियों और सामाजिक नियमों का विस्तृत वर्णन मिलता है।

हालाँकि मनुस्मृति को पूरे भारतीय समाज का सार्वभौमिक नियम नहीं माना जा सकता। भारत के विभिन्न क्षेत्रों में अलग-अलग परम्पराएँ थीं। अनेक स्थानों पर वर्ण परिवर्तन और सामाजिक गतिशीलता बनी रही।

इतिहासकारों के अनुसार मनुस्मृति उस समय की सामाजिक वास्तविकता को नियंत्रित करने का प्रयास थी, न कि शाश्वत और अपरिवर्तनीय नियम।

2.8 आधुनिक समाजशास्त्र में वर्ण व्यवस्था

आधुनिक समाजशास्त्र वर्ण व्यवस्था को 'Division of Labour' और 'Social Stratification' के रूप में देखता है।

कार्यात्मकतावादी दृष्टिकोण

एमिल दुर्खीम और टैल्कॉट पार्सन्स जैसे समाजशास्त्रियों के अनुसार समाज को सुचारू रूप से चलाने के लिए कार्य-विभाजन आवश्यक होता है। इस दृष्टि से वर्ण व्यवस्था समाज के विभिन्न कार्यों को संगठित करने का प्रयास थी।

संघर्षवादी दृष्टिकोण

कार्ल मार्क्स और आधुनिक आलोचकों के अनुसार, कोई भी वर्ग व्यवस्था धीरे-धीरे शोषण का साधन बन जाती है। वर्ण व्यवस्था भी बाद में ऊँच-नीच, असमानता और विशेषाधिकार का आधार बन गयी।

इस प्रकार वर्ण व्यवस्था के दो पक्ष हैं:

- प्रारम्भिक रूप – कार्य-विभाजन और सामाजिक सहयोग
- बाद का रूप – सामाजिक असमानता और जातिगत भेदभाव

2.9 आधुनिक आलोचना और पुनर्पाठ

आधुनिक भारत में वर्ण और जाति की कठोरता की व्यापक आलोचना हुई। महात्मा गांधी, डॉ. भीमराव अम्बेडकर, ज्योतिबा फुले, राममनोहर लोहिया आदि ने जातिगत भेदभाव का विरोध किया।

डॉ. अम्बेडकर का मत था कि वर्ण और जाति की व्यवस्था ने भारतीय समाज को विभाजित किया और सामाजिक न्याय को

बाधित किया। दूसरी ओर कुछ विचारकों का मत है कि मूल वर्ण व्यवस्था सामाजिक कार्य-विभाजन पर आधारित थी, जिसे बाद में विकृत कर दिया गया।

आज आवश्यकता है कि हम:

- वर्ण और जाति में अन्तर समझें
- जन्म के आधार पर श्रेष्ठता या हीनता को अस्वीकार करें
- गीता के 'गुण-कर्म' सिद्धांत को पुनः समझें
- समाज को समानता, योग्यता और नैतिकता के आधार पर देखें

मिथक बनाम तथ्य

मिथक	तथ्य
वर्ण व्यवस्था प्रारम्भ से ही जन्म-आधारित थी	प्रारम्भिक ग्रंथ गुण और कर्म को आधार मानते हैं
ब्राह्मण केवल जन्म से बनता है	विश्वामित्र, सत्यकाम, वाल्मीकि जैसे उदाहरण विपरीत हैं
वर्ण और जाति एक ही हैं	वर्ण व्यापक सिद्धांत है, जाति स्थानीय और वंशानुगत संरचना
पुरुषसूक्त शूद्र को हीन बताता है	मन्त्र केवल समाज के कार्यों का प्रतीकात्मक वर्णन करता है

निष्कर्ष

वर्ण व्यवस्था का मूल उद्देश्य समाज को गुण, कर्म और स्वभाव के आधार पर संगठित करना था। प्रारम्भिक भारतीय समाज में यह

व्यवस्था लचीली और गतिशील थी। किन्तु समय के साथ यह कठोर, वंशानुगत और जाति-आधारित बन गयी।

आज जब हम वर्ण व्यवस्था का अध्ययन करते हैं, तो हमें उसके मूल सिद्धांत और उसके बाद की विकृतियों में अन्तर करना चाहिए। गीता का 'गुणकर्मविभागशः' सिद्धांत आज भी यह सिखाता है कि मनुष्य का मूल्य जन्म से नहीं, उसके गुण, कर्म और चरित्र से निर्धारित होना चाहिए।

अध्याय 3 ऋषि परंपरा, गोत्र, प्रवर और आनुवंशिकी

(Rishi Tradition, Gotra, Pravara and Genetics)

भारतीय सभ्यता की सबसे विशिष्ट विशेषताओं में से एक है—उसकी स्मृति परम्परा। भारत में परिवार, कुल, गोत्र, प्रवर, शाखा और वंश केवल सामाजिक पहचान नहीं रहे, बल्कि उन्होंने हजारों वर्षों तक सांस्कृतिक निरन्तरता, वैवाहिक नियम और ऐतिहासिक स्मृति को सुरक्षित रखा। विशेषतः ब्राह्मण समुदाय में गोत्र और प्रवर की परम्परा अत्यन्त महत्वपूर्ण मानी गयी।

आज भी विवाह, उपनयन, श्राद्ध, संकल्प और यज्ञ जैसे संस्कारों में व्यक्ति अपना गोत्र और प्रवर बताता है। किन्तु बहुत से लोग यह नहीं जानते कि गोत्र क्या है, इसकी उत्पत्ति कैसे हुई, प्रवर किसे कहते हैं, और आधुनिक आनुवंशिकी (genetics) के आलोक में इनकी क्या प्रासंगिकता है।

इस अध्याय में हम ऋषि परम्परा, सप्तर्षियों, गोत्र और प्रवर की ऐतिहासिक उत्पत्ति, प्रमुख गोत्रों का परिचय, तथा आधुनिक आनुवंशिकी के साथ उनके सम्बन्ध का अध्ययन करेंगे।

3.1 गोत्र शब्द का अर्थ और उत्पत्ति

'गोत्र' शब्द संस्कृत के 'गो' और 'त्र' से बना है। सामान्य अर्थ में इसका अर्थ है—गायों का बाड़ा या समूह। बाद में इसका अर्थ उस

वंश या कुल से हो गया जो किसी विशेष ऋषि से उत्पन्न माना जाता था।

प्राचीन भारत में जब किसी परिवार या वंश का सम्बन्ध किसी महान ऋषि से जोड़ा जाता था, तब वही ऋषि उस वंश का गोत्र-प्रवर्तक माना जाता था। उदाहरण के लिए:

- जो लोग ऋषि भारद्वाज की परम्परा से माने गये, वे भारद्वाज गोत्र कहलाये।
- जो ऋषि कश्यप से जुड़े माने गये, वे कश्यप गोत्र कहलाये।

अतः गोत्र का अर्थ केवल उपनाम या जाति नहीं, बल्कि एक प्राचीन ऋषि-वंश की स्मृति है।

3.2 ऋषि परंपरा और सप्तर्षि

भारतीय परम्परा में सप्तर्षियों को अत्यन्त उच्च स्थान दिया गया है। विभिन्न ग्रंथों में सप्तर्षियों की सूचियाँ थोड़ी भिन्न हैं, किन्तु सामान्यतः निम्न ऋषियों को सप्तर्षि माना जाता है:

1. भृगु
2. अत्रि
3. अंगिरस
4. वशिष्ठ
5. पुलस्त्य
6. पुलह

7. क्रतु

बाद की परम्परा में कभी-कभी कश्यप, भारद्वाज, गौतम, जमदग्नि और विश्वामित्र को भी प्रमुख गोत्र-प्रवर्तक ऋषियों में सम्मिलित किया गया।

सप्तर्षियों का सांस्कृतिक महत्व

- ये वेदों के मन्त्रद्रष्टा माने गये।
- इनसे विभिन्न गोत्रों और प्रवरों की उत्पत्ति मानी गयी।
- भारतीय ज्योतिष में सप्तर्षि मण्डल (Ursa Major) को इन्हीं ऋषियों का प्रतीक माना गया।

3.3 प्रमुख गोत्र-प्रवर्तक ऋषियों का परिचय

(क) कश्यप

ऋषि कश्यप को अत्यन्त प्राचीन और व्यापक गोत्र-प्रवर्तक माना जाता है। पुराणों के अनुसार अनेक देवता, दानव, नाग, पक्षी और मानव-वंश उन्हीं से उत्पन्न माने गये। इसी कारण कश्यप गोत्र भारत के लगभग सभी क्षेत्रों में पाया जाता है।

(ख) भारद्वाज

ऋषि भारद्वाज वेद, आयुर्वेद और युद्धशास्त्र के ज्ञाता माने जाते हैं। रामायण में वे राम के गुरु-समान हैं। भारद्वाज गोत्र विशेषतः उत्तर भारत में अत्यन्त सामान्य है।

(ग) वशिष्ठ

ऋषि वशिष्ठ इक्ष्वाकु वंश के राजगुरु और राम के कुलगुरु माने जाते हैं। वशिष्ठ गोत्र विशेष रूप से उत्तर भारत और दक्षिण भारत दोनों में मिलता है।

(घ) गौतम

ऋषि गौतम न्याय दर्शन के प्रवर्तक माने जाते हैं। गौतम गोत्र अनेक ब्राह्मण, राजपूत और अन्य समुदायों में मिलता है।

(ङ) अत्रि

ऋषि अत्रि और उनकी पत्नी अनसूया भारतीय परम्परा में अत्यन्त पूजनीय हैं। अत्रि गोत्र विशेषतः उत्तर भारत, महाराष्ट्र और दक्षिण भारत में मिलता है।

(च) जमदग्नि

ऋषि जमदग्नि, परशुराम के पिता माने जाते हैं। उनका गोत्र विशेष रूप से सरयूपारीण, कान्यकुब्ज और दक्षिण भारतीय ब्राह्मणों में मिलता है।

गौड़ ब्राह्मणों के गोत्र-उपगोत्र

गौड़ ब्राह्मण वंश में मूलतः २४ ऋषि-गोत्र माने जाते हैं। कालान्तर में इन गोत्रों से उत्पन्न ऋषियों, शाखाओं तथा उपशाखाओं के आधार पर लगभग ११५ गोत्र-उपगोत्र प्रचलित हो गये। उनकी सूची इस प्रकार है—

1. अत्रि
2. भृगु
3. अंगिरस
4. मुद्गल
5. पतञ्जलि
6. कौशिक
7. मरीचि
8. च्यवन
9. पुलह
10. आस्थिषेण
11. उत्पत्ति
12. गौतम
13. वशिष्ठ तथा उनके पुत्रगण—
    1. परवशिष्ठ
    2. अपरवशिष्ठ
    3. उत्तरवशिष्ठ
    4. पूर्ववशिष्ठ
    5. दिवावशिष्ठ
14. वात्स्यायन
15. बौधायन
16. माध्यन्दिनी
17. अज
18. वामदेव
19. शांकृत्य
20. आप्लवन
21. सौकालीन
22. सोपायन
23. गर्ग
24. सुपर्णि
25. शाखा
26. मैत्रेय
27. पराशर
28. अंगिरा
29. कृतु
30. अधमर्षण
31. आस्तायन कौशिक

32. बौधायन

33. अग्निवेश भारद्वाज

34. कौण्डिन्य

35. मित्रावरुण

36. कपिल

37. शक्ति

38. पौलस्त्य

39. दक्ष

40. सांख्यायन कौशिक

41. जमदग्नि

42. कृष्णात्रेय

43. भार्गव

44. हरित

45. धनञ्जय

46. पराशर

47. आत्रेय

48. पुलस्त्य

49. भारद्वाज

50. कुत्स

51. शाण्डिल्य

52. भारद्वाज

53. कौत्स

54. कर्दम

55. पाणिनि

56. वत्स

57. विश्वामित्र

58. अगस्त्य

59. कुश

60. जमदग्नि कौशिक

61. कुशिक

62. देवराज

63. धृत कौशिक

64. किन्दव

65. कर्ण

66. जातुकर्ण्य

67. काश्यप

68. गोभिल

69. कश्यप

70. सुनक

71. शाखायन

72. कल्पिष

73. मनु

74. माण्डव्य

75. अम्बरीष

76. उपलब्ध्य

77. व्याघ्रपाद

78. जाबाल

79. धौम्य

80. याज्ञवल्क्य

81. और्व

82. दृढ

83. उद्वाह

84. रोह्ति

85. सुपर्ण

86. गालव

87. वशिष्ठ

88. मार्कण्डेय

89. अनव्रक

90. आपस्तम्ब

91. उत्पत्ति

92. यास्क

93. विथव्य

94. वासुकि

95. दालभ्य

96. आयस्य

97. लोंगाक्षि

98. चित्र

99. विष्णु

100. शौनक

101. पंचशाखा

102. सावर्णि

103. कात्यायन

104.	कांचन	110.	जैमिनि
105.	आलम्पायन	111.	उपमन्यु
106.	अव्यय	112.	उतथ्य
107.	विल्च	113.	आसुरी
108.	शांकल्य	114.	अनूप
109.	उद्दालक	115.	आश्वलायन

लगभग १४४४ ब्राह्मण विभिन्न क्षेत्रों से आकर बसे थे। राजा जनमेजय ने उन्हें ग्रामदान देकर विभिन्न ग्रामों में बसाया। यही ग्राम आगे चलकर उनके "शासन" कहलाये।

3.4 प्रवर क्या है?

गोत्र के साथ प्रवर का नाम भी बोला जाता है। प्रवर का अर्थ है— उस गोत्र के भीतर सबसे प्रमुख और प्रतिष्ठित ऋषियों की सूची।

उदाहरण के लिए:

- भारद्वाज गोत्र का प्रवर: आंगिरस, भारद्वाज, बृहस्पत्य
- कश्यप गोत्र का प्रवर: कश्यप, अवत्सार, नैध्रुव
- वशिष्ठ गोत्र का प्रवर: वशिष्ठ, शक्ति, पाराशर

जब कोई व्यक्ति संकल्प या यज्ञ में अपना परिचय देता है, तो वह कहता है:

"अमुक गोत्रः, अमुक प्रवरान्वितः।"

अर्थात् मैं अमुक गोत्र और अमुक प्रवर से सम्बन्ध रखता हूँ।

प्रवर यह बताता है कि एक ही गोत्र के भीतर कौन-सी उपशाखा या ऋषि-परम्परा है।

3.5 गोत्र, कुल, वंश और उपनाम में अंतर

बहुत लोग गोत्र, कुल और उपनाम को एक ही समझ लेते हैं, जबकि इनमें स्पष्ट अन्तर है।

शब्द	अर्थ
गोत्र	किसी मूल ऋषि से जुड़ी वंश-परम्परा
प्रवर	उस गोत्र के प्रमुख ऋषियों की सूची
कुल	परिवार या राजवंश की परम्परा
वंश	पीढ़ी-दर-पीढ़ी चलने वाली रेखा
उपनाम	आधुनिक सामाजिक या पारिवारिक नाम

उदाहरण:

किसी व्यक्ति का उपनाम 'शर्मा' हो सकता है, किन्तु उसका गोत्र भारद्वाज, कश्यप या वशिष्ठ कुछ भी हो सकता है। अतः उपनाम से गोत्र निश्चित नहीं किया जा सकता।

3.6 प्रमुख गोत्र और उनके प्रवर

गोत्र	सामान्य प्रवर
भारद्वाज	आंगिरस, भारद्वाज, बृहस्पत्य
कश्यप	कश्यप, अवत्सार, नैध्रुव
वशिष्ठ	वशिष्ठ, शक्ति, पाराशर
गौतम	आंगिरस, आयास्य, गौतम
अत्रि	आत्रेय, आर्चनानस, श्यावाश्व

गोत्र	सामान्य प्रवर
जमदग्नि	भृगु, च्यवन, आप्नवान, और्व, जमदग्नि
भृगु	भृगु, च्यवन, और्व
कौशिक	विश्वामित्र, देवरात, औदालक
शाण्डिल्य	शाण्डिल्य, असित, देवल
पराशर	वशिष्ठ, शक्ति, पाराशर

3.7 विवाह और सगोत्र निषेध

भारतीय परम्परा में समान गोत्र में विवाह को वर्जित माना गया। इसका कारण यह था कि समान गोत्र के लोग एक ही ऋषि-वंश के माने जाते थे, अतः उन्हें भाई-बहन के समान समझा जाता था।

धर्मशास्त्रों में सगोत्र विवाह निषिद्ध माना गया। कुछ क्षेत्रों में केवल गोत्र नहीं, बल्कि प्रवर और गाँव तक का भी ध्यान रखा जाता था।

विशेषतः उत्तर भारत में:

- समान गोत्र में विवाह निषिद्ध
- कभी-कभी समान गाँव या ननिहाल में भी विवाह वर्जित

दक्षिण भारत में कुछ स्थानों पर नियम भिन्न रहे। वहाँ मातुल-कन्या विवाह (मामा की बेटी से विवाह) जैसी परम्पराएँ भी रही हैं।

3.8 आधुनिक आनुवंशिकी और गोत्र

आधुनिक विज्ञान के विकास के बाद यह प्रश्न उठने लगा कि क्या गोत्र और आनुवंशिकी में कोई सम्बन्ध है?

Y-Chromosome और पितृवंश

मानव शरीर में Y-Chromosome पिता से पुत्र में लगभग अपरिवर्तित रूप से जाता है। इसलिए यदि किसी समुदाय का दावा है कि वह एक ही पुरुष पूर्वज से उत्पन्न हुआ है, तो सैद्धान्तिक रूप से उनके Y-Chromosome में समानता हो सकती है।

चूँकि गोत्र पितृवंशीय होता है और पिता से पुत्र को मिलता है, इसलिए कुछ विद्वानों ने इसे Y-Chromosome की सांस्कृतिक समानता माना है।

किन्तु वास्तविकता अधिक जटिल है। हजारों वर्षों में:

- गोद लेना
- सामाजिक परिवर्तन
- गोत्र परिवर्तन
- अन्तर्जातीय विवाह
- स्थानीय परम्पराएँ

के कारण एक ही गोत्र के लोगों में आनुवंशिक विविधता हो सकती है।

क्या समान गोत्र वाले लोग आनुवंशिक रूप से समान होते हैं?

आवश्यक नहीं। कुछ शोधों में पाया गया कि समान गोत्र के लोगों में औसत रूप से कुछ आनुवंशिक समानता हो सकती है, किन्तु यह पूर्णतः निश्चित नहीं है।

इसलिए यह कहना गलत होगा कि सभी समान गोत्र वाले लोग वास्तव में जैविक रूप से एक ही पूर्वज के वंशज हैं। गोत्र मुख्यतः सांस्कृतिक और ऐतिहासिक पहचान है।

3.9 सगोत्र विवाह और आधुनिक विज्ञान

सगोत्र विवाह के निषेध को आधुनिक आनुवंशिकी के आलोक में भी देखा गया है। यदि निकट सम्बन्धियों में विवाह होता है, तो कुछ आनुवंशिक रोगों की सम्भावना बढ़ सकती है।

इस दृष्टि से गोत्र व्यवस्था का एक व्यावहारिक पक्ष भी था। समान गोत्र में विवाह निषेध से विवाह व्यापक समुदाय में होते थे, जिससे आनुवंशिक विविधता बनी रहती थी।

किन्तु यह भी ध्यान रखना चाहिए कि:

- हजारों वर्षों पुराने गोत्र का अर्थ यह नहीं कि आज सभी लोग निकट सम्बन्धी हैं।
- आधुनिक समाज में केवल गोत्र के आधार पर विवाह निर्णय करना पर्याप्त नहीं है।

- यदि परिवारों में निकट रक्त-संबंध नहीं है, तो केवल समान गोत्र से जैविक समस्या होना आवश्यक नहीं।

अतः आधुनिक विज्ञान गोत्र परम्परा को पूर्णतः अस्वीकार नहीं करता, पर उसे सांस्कृतिक परम्परा के रूप में देखता है, न कि शुद्ध जैविक नियम के रूप में।

3.10 विभिन्न क्षेत्रों में प्रमुख गोत्र

उत्तर भारत

- भारद्वाज
- कश्यप
- गौतम
- वशिष्ठ
- शाण्डिल्य

उत्तर प्रदेश और बिहार के ब्राह्मणों में

- कान्यकुब्ज – भारद्वाज, गौतम, कश्यप, शाण्डिल्य
- सरयूपारीण – जमदग्नि, वशिष्ठ, गौतम
- मैथिल – कश्यप, भारद्वाज, शाण्डिल्य

महाराष्ट्र

- अत्रि

- कश्यप
- वशिष्ठ
- भारद्वाज

दक्षिण भारत

- कौशिक
- भारद्वाज
- अत्रि
- हरित
- कश्यप

मिथक बनाम तथ्य

मिथक	**तथ्य**
गोत्र और उपनाम एक ही होते हैं	उपनाम और गोत्र अलग हो सकते हैं
समान गोत्र वाले लोग अवश्य ही निकट रिश्तेदार होते हैं	हजारों वर्षों में गोत्र व्यापक और मिश्रित हो सकते हैं
गोत्र केवल ब्राह्मणों में होता है	अनेक क्षत्रिय, वैश्य और अन्य समुदायों में भी गोत्र होते हैं
सभी शर्मा एक ही गोत्र के होते हैं	शर्मा उपनाम के भीतर अनेक अलग-अलग गोत्र हो सकते हैं
आधुनिक विज्ञान गोत्र को गलत मानता है	विज्ञान इसे सांस्कृतिक-पितृवंशीय परम्परा मानता है

निष्कर्ष

गोत्र और प्रवर भारतीय समाज की केवल धार्मिक परम्पराएँ नहीं, बल्कि ऐतिहासिक स्मृति और सांस्कृतिक निरन्तरता के साधन हैं। उन्होंने हजारों वर्षों तक परिवारों और समुदायों को एक पहचान दी।

यद्यपि आधुनिक आनुवंशिकी गोत्र को पूर्णतः जैविक सिद्ध नहीं करती, फिर भी यह स्वीकार करती है कि पितृवंशीय पहचान और विवाह-नियमों का कुछ सामाजिक और आनुवंशिक महत्व हो सकता है।

आज आवश्यकता है कि हम गोत्र को अन्धविश्वास या कठोर सामाजिक नियम के रूप में नहीं, बल्कि एक सांस्कृतिक विरासत और ऐतिहासिक पहचान के रूप में समझें।

अध्याय 4 वैदिक काल में ब्राह्मण: जीवन, शिक्षा और समाज में भूमिका

4.1 प्रस्तावना

वैदिक काल में "ब्राह्मण" केवल एक सामाजिक वर्ग नहीं, बल्कि **ज्ञान-परंपरा का वाहक** था। उसका मूल कार्य था—

ब्रह्म-ज्ञान की खोज, संरक्षण और प्रसार।

इस अध्याय में हम ब्राह्मण के **जीवन-आदर्श, शिक्षा-पद्धति और सामाजिक उत्तरदायित्व** का विश्लेषण करेंगे, साथ ही उनके आधुनिक समांतर भी देखेंगे।

4.2 ब्राह्मण की परिभाषा: गुण और कर्म

"चातुर्वर्ण्यं मया सृष्टं गुणकर्मविभागशः" (गीता 4.13)

व्याख्या:

- ब्राह्मण की पहचान जन्म से नहीं,
- **गुण (ज्ञान, संयम) और कर्म (अध्ययन, अध्यापन)** से है

"शमो दमस्तपः शौचं क्षान्तिरार्जवमेव च।

ज्ञानं विज्ञानमास्तिक्यं ब्रह्मकर्म स्वभावजम्॥" (गीता 18.42)

व्याख्या:

ब्राह्मण के स्वाभाविक गुण:

- शम (मन का संयम)
- दम (इंद्रिय नियंत्रण)
- तप (अनुशासन)
- शौच (शुद्धता)
- क्षमा, सरलता
- ज्ञान और विज्ञान

यह एक **ethical–intellectual ideal** है

आधुनिक समांतर:

- Scholar, researcher, teacher
- Ethical leadership (integrity, discipline) ब्राह्मण = **knowledge professional + moral guide**

4.3 ब्राह्मण का जीवन-आदर्श

सादगी और संयम

"अपरिग्रह" (अधिक संग्रह न करना)

व्याख्या:

- भौतिक संसाधनों का न्यूनतम उपयोग

- ध्यान ज्ञान और साधना पर

आधुनिक दृष्टि:

- Minimalism
- Focused intellectual life
- उच्च बौद्धिक कार्य के लिए **distraction-free जीवन**

सत्य और तप

"सत्यं वद, धर्मं चर" (तैत्तिरीय उपनिषद)

व्याख्या:

- सत्य बोलो
- धर्मानुसार आचरण करो

यह ब्राह्मण जीवन का **आचार-संहिता (code of conduct)** है

आधुनिक समांतर:

- Academic integrity
- Ethical conduct

4.4 शिक्षा प्रणाली: गुरुकुल व्यवस्था

गुरु–शिष्य संबंध

"तद्विद्धि प्रणिपातेन परिप्रश्नेन सेवया" (गीता 4.34)

व्याख्या:

- विनयपूर्वक प्रश्न करो
- सेवा और समर्पण से ज्ञान प्राप्त करो

शिक्षा की विशेषताएँ

- मौखिक परंपरा (oral transmission)
- स्मरण शक्ति (memory training)
- जीवन-कौशल + आध्यात्मिक ज्ञान

आधुनिक समांतर:

- Mentorship model
- Holistic education
- केवल जानकारी नहीं, **व्यक्तित्व निर्माण**

वेदाध्ययन की पद्धति

"स्वाध्यायान्मा प्रमदः" (तैत्तिरीय उपनिषद)

व्याख्या:

- स्वाध्याय (self-study) में कभी शिथिल न हों

lifelong learning का सिद्धांत

आधुनिक समांतर:

- Continuous learning
- Evidence-based updating

4.5 ब्राह्मण के प्रमुख कार्य (Functions)

षट्कर्म (Six Duties)

1. अध्ययन
2. अध्यापन
3. यजन (यज्ञ करना)
4. याजन (दूसरों के लिए यज्ञ)
5. दान
6. प्रतिग्रह

व्याख्या:

- ज्ञान का अर्जन और वितरण
- समाज में आध्यात्मिक नेतृत्व

आधुनिक तुलना:

- Education
- Research
- Public intellectual role
- Social service

4.6 समाज में ब्राह्मण की भूमिका

मार्गदर्शक (Advisor)

(महाभारत/परंपरा सार)

- राजा को नीति-निर्देशन

व्याख्या:

ब्राह्मण = **राजसत्ता का नैतिक संतुलन**

आधुनिक समांतर:

- Policy advisors
- Think tanks

यज्ञ और सांस्कृतिक एकता

यज्ञ केवल धार्मिक अनुष्ठान नहीं, बल्कि:

- सामाजिक एकता
- सामूहिक अनुशासन

वैज्ञानिक दृष्टि:

- Rituals → group cohesion
- Collective behavior science

ज्ञान संरक्षण

- वेद, उपनिषद, शास्त्रों का संरक्षण
- पीढ़ियों तक मौखिक परंपरा

आधुनिक समांतर:

- Libraries, universities
- Knowledge preservation systems

4.7 आर्थिक स्थिति

ब्राह्मण:

- सामान्यतः **साधनहीन (non-wealth accumulating)**
- दान पर निर्भर

"न कर्मणा न प्रजया धनेन..." (कठोपनिषद/मुण्डक उपनिषद भाव)

व्याख्या:

- मुक्ति धन से नहीं, ज्ञान से

आधुनिक विश्लेषण:

- Knowledge economy vs wealth accumulation
- ब्राह्मण = **intellectual capital holder**

4.8 आलोचना और यथार्थ

आदर्श बनाम व्यवहार

- सभी ब्राह्मण आदर्श नहीं रहे
- समय के साथ पतन भी हुआ

सीमाएँ

- ज्ञान का एकाधिकार
- सामाजिक दूरी

समाजशास्त्रीय दृष्टि:

- Knowledge monopoly
- Elite formation

4.9 आधुनिक पुनर्पाठ

आज के संदर्भ में:

- ब्राह्मण =
    - शिक्षक
    - वैज्ञानिक
    - दार्शनिक
    - नैतिक नेता

यह एक **role**, न कि जन्म

4.10 निष्कर्ष

वैदिक काल में ब्राह्मण:

- ज्ञान का स्रोत
- समाज का नैतिक मार्गदर्शक

- शिक्षा का केंद्र था।

आज आवश्यकता है—

इस आदर्श को **आधुनिक संदर्भ में पुनर्जीवित करने की,**

जहाँ ब्राह्मणत्व = **ज्ञान** + **नैतिकता** + **सेवा**

संदर्भ

शास्त्रीय

1. भगवद्गीता 4.13, 18.42
2. तैत्तिरीय उपनिषद
3. छांदोग्य उपनिषद
4. महाभारत (शांति पर्व)
5. मनुस्मृति

आधुनिक

1. Patrick Olivelle — *The Āśrama System*
2. Frits Staal — *Agni: The Vedic Ritual of the Fire Altar*
3. Radhakrishnan — *Indian Philosophy*
4. Altekar — *Education in Ancient India*

अध्याय 5 उपनिषद काल: आत्मा, ब्रह्म और ज्ञान की खोज

(The Upanishadic Age: Quest for the Self, Brahman and Knowledge)

वैदिक साहित्य का प्रारम्भिक भाग मुख्यतः यज्ञ, मन्त्र और देवताओं की स्तुति पर केन्द्रित था। किन्तु समय के साथ भारतीय चिन्तन का केन्द्र बाहरी अनुष्ठानों से हटकर आन्तरिक अनुभव, आत्मचिन्तन और दार्शनिक प्रश्नों की ओर बढ़ने लगा। इसी परिवर्तन का परिणाम हैं—उपनिषद।

उपनिषद भारतीय दर्शन की आत्मा माने जाते हैं। इनमें मनुष्य, आत्मा, ब्रह्म, जगत्, मृत्यु, पुनर्जन्म और मुक्ति जैसे प्रश्नों पर गहन विचार किया गया है। यदि वेद भारतीय धर्म का आधार हैं, तो उपनिषद उसका दार्शनिक शिखर हैं।

उपनिषदों ने यह घोषणा की कि सत्य केवल यज्ञ और कर्मकाण्ड से नहीं, बल्कि आत्मज्ञान और अनुभूति से प्राप्त होता है। इस प्रकार उपनिषद काल भारतीय इतिहास में एक महान बौद्धिक और आध्यात्मिक क्रान्ति का काल था।

5.1 'उपनिषद' शब्द का अर्थ

'उपनिषद' शब्द तीन भागों से मिलकर बना है:

- उप = निकट

- नि = नीचे या विशेष रूप से
- सद् = बैठना

अर्थात् गुरु के समीप बैठकर प्राप्त किया गया ज्ञान।

उपनिषद केवल पुस्तकें नहीं थे, बल्कि गुरु और शिष्य के बीच संवाद थे। इनका उद्देश्य बाहरी कर्मकाण्ड से परे जाकर उस परम सत्य को जानना था जो मनुष्य और ब्रह्माण्ड दोनों के भीतर विद्यमान है।

5.2 उपनिषदों की संख्या और महत्व

परम्परा में 108 उपनिषद माने जाते हैं, किन्तु उनमें से लगभग 10–13 उपनिषद सबसे अधिक महत्वपूर्ण माने जाते हैं। इन्हें ‘मुख्य उपनिषद’ कहा जाता है।

प्रमुख उपनिषद

1. ईश
2. केन
3. कठ
4. प्रश्न
5. मुण्डक
6. माण्डूक्य
7. तैत्तिरीय

8. ऐतरेय

9. छान्दोग्य

10. बृहदारण्यक

इनमें से अधिकांश का सम्बन्ध चारों वेदों से है।

5.3 उपनिषदों का मुख्य प्रश्न

उपनिषदों में बार-बार एक ही प्रश्न पूछा गया है:

"मैं कौन हूँ?"

मनुष्य क्या केवल शरीर है? क्या मृत्यु के बाद कुछ बचता है? क्या आत्मा और ईश्वर अलग हैं? क्या यह जगत् वास्तविक है?

उपनिषद इन प्रश्नों का उत्तर खोजते हैं और अन्ततः यह निष्कर्ष देते हैं कि मनुष्य का वास्तविक स्वरूप शरीर या मन नहीं, बल्कि आत्मा है। और वही आत्मा अन्ततः ब्रह्म के समान है।

5.4 आत्मा और ब्रह्म

उपनिषदों की सबसे महत्वपूर्ण शिक्षा यह है कि आत्मा और ब्रह्म अलग नहीं हैं।

छान्दोग्य उपनिषद

उद्दालक अपने पुत्र श्वेतकेतु से कहते हैं:

"तत्त्वमसि, श्वेतकेतो।"

अर्थात् 'तू वही है'। यहाँ 'वही' से आशय ब्रह्म से है।

बृहदारण्यक उपनिषद

“अहं ब्रह्मास्मि।”

अर्थात् मैं ही ब्रह्म हूँ।

माण्डूक्य और अद्वैत

माण्डूक्य उपनिषद के अनुसार आत्मा के चार स्तर हैं:

1. जाग्रत
2. स्वप्न
3. सुषुप्ति
4. तुरीय

तुरीय वह अवस्था है जहाँ आत्मा ब्रह्म के साथ एक हो जाती है।

5.5 चार महावाक्य

भारतीय दर्शन में चार महावाक्यों को विशेष महत्व प्राप्त है। ये चारों उपनिषदों की सबसे गहन शिक्षाओं का सार हैं।

महावाक्य	**स्रोत**	**अर्थ**
प्रज्ञानं ब्रह्म	ऐतरेय उपनिषद	चेतना ही ब्रह्म है
अहं ब्रह्मास्मि	बृहदारण्यक उपनिषद	मैं ही ब्रह्म हूँ
तत्वमसि	छान्दोग्य उपनिषद	तू वही है
अयमात्मा ब्रह्म	माण्डूक्य उपनिषद	यह आत्मा ही ब्रह्म है

ये महावाक्य यह बताते हैं कि परम सत्य बाहर नहीं, बल्कि मनुष्य के भीतर है।

5.6 कर्म, पुनर्जन्म और मोक्ष

उपनिषदों में कर्म और पुनर्जन्म का सिद्धान्त भी स्पष्ट रूप से मिलता है।

"यथाकर्म यथाश्रुतम्।"

अर्थात् मनुष्य जैसा कर्म करता है, वैसा ही उसका भविष्य बनता है।

उपनिषदों के अनुसार:

- आत्मा अमर है
- मृत्यु के बाद शरीर नष्ट होता है
- आत्मा पुनर्जन्म लेती है
- अच्छे और बुरे कर्म अगले जन्म को प्रभावित करते हैं

किन्तु अन्तिम लक्ष्य पुनर्जन्म नहीं, बल्कि मोक्ष है—अर्थात् जन्म-मृत्यु के चक्र से मुक्ति।

मोक्ष तब प्राप्त होता है जब मनुष्य यह जान लेता है कि वह वास्तव में ब्रह्म है।

5.7 कठोपनिषद और नचिकेता की कथा

कठोपनिषद की नचिकेता-कथा भारतीय साहित्य की सबसे महान दार्शनिक कथाओं में से एक है।

नचिकेता एक बालक था जिसने मृत्यु के देवता यम से पूछा:

“क्या मृत्यु के बाद आत्मा रहती है?”

यम पहले उसे धन, राज्य और सुख देने का प्रस्ताव देते हैं, किन्तु नचिकेता केवल सत्य जानना चाहता है। अन्ततः यम उसे आत्मा और मोक्ष का ज्ञान देते हैं।

यम कहते हैं:

“न जायते म्रियते वा कदाचित्।”

अर्थात् आत्मा न जन्म लेती है, न मरती है।

यह कथा दिखाती है कि उपनिषदों का उद्देश्य केवल धार्मिक विश्वास नहीं, बल्कि सत्य की खोज है।

5.8 उपनिषदों में स्त्रियाँ और विदुषियाँ

उपनिषद काल में केवल पुरुष ही नहीं, स्त्रियाँ भी दार्शनिक चर्चा में भाग लेती थीं।

गार्गी

गार्गी बृहदारण्यक उपनिषद में याज्ञवल्क्य से प्रश्न करती हैं:

“यह सम्पूर्ण जगत् किसमें स्थित है?”

उनके प्रश्न इतने गहरे थे कि सभा के सभी विद्वान प्रभावित हुए।

मैत्रेयी

मैत्रेयी याज्ञवल्क्य की पत्नी थीं। जब याज्ञवल्क्य संन्यास लेना चाहते हैं, तब मैत्रेयी उनसे पूछती हैं:

“यदि सम्पूर्ण पृथ्वी धन से भर दी जाए, तो क्या उससे अमरत्व मिल सकता है?”

याज्ञवल्क्य उत्तर देते हैं:

“न, अमरत्व केवल ज्ञान से मिलता है।”

इससे स्पष्ट है कि उपनिषद काल में स्त्रियों को भी उच्च बौद्धिक स्थान प्राप्त था।

5.9 विभिन्न दर्शनों में उपनिषदों की व्याख्या

उपनिषदों की शिक्षाओं की बाद में विभिन्न दार्शनिक सम्प्रदायों ने अलग-अलग व्याख्या की।

अद्वैत वेदान्त

आदि शंकराचार्य के अनुसार:

- ब्रह्म ही एकमात्र सत्य है
- जगत् माया है
- आत्मा और ब्रह्म में कोई भेद नहीं

विशिष्टाद्वैत

रामानुजाचार्य के अनुसार:

- जीव और जगत् ब्रह्म से जुड़े हैं
- किन्तु वे उससे पूर्णतः अभिन्न नहीं हैं

द्वैत

मध्वाचार्य के अनुसार:

- जीव और ईश्वर सदा अलग हैं
- मोक्ष में भी उनका भेद बना रहता है

इस प्रकार एक ही उपनिषदिक वाक्य को अलग-अलग दर्शन भिन्न प्रकार से समझते हैं।

5.10 उपनिषद और आधुनिक मनोविज्ञान

आधुनिक मनोविज्ञान और न्यूरोसाइंस में चेतना (consciousness) सबसे कठिन प्रश्नों में से एक है।

उपनिषदों ने हजारों वर्ष पहले ही यह प्रश्न उठाया था:

- मन क्या है?
- आत्मा क्या है?
- क्या चेतना शरीर से अलग है?

माण्डूक्य उपनिषद की जाग्रत, स्वप्न, सुषुप्ति और तुरीय अवस्थाएँ आधुनिक मनोविज्ञान की चेतना-अवस्थाओं से कुछ हद तक तुलना योग्य हैं।

ध्यान, आत्मचिन्तन और मौन पर उपनिषदों का बल आज आधुनिक मानसिक स्वास्थ्य और meditation research में भी महत्त्वपूर्ण माना जा रहा है।

किन्तु यह कहना कि आधुनिक विज्ञान ने उपनिषदों को पूरी तरह सिद्ध कर दिया है, उचित नहीं होगा। दोनों की पद्धति और उद्देश्य भिन्न हैं।

5.11 उपनिषदों का भारतीय संस्कृति पर प्रभाव

उपनिषदों का प्रभाव केवल दर्शन तक सीमित नहीं रहा।

इनका प्रभाव पड़ाः

- वेदान्त
- योग
- बौद्ध और जैन दर्शन
- भक्ति आन्दोलन
- आधुनिक भारतीय चिन्तन

स्वामी विवेकानन्द, महात्मा गांधी, अरविन्द, रवीन्द्रनाथ ठाकुर और डॉ. राधाकृष्णन जैसे विचारकों पर उपनिषदों का गहरा प्रभाव था।

मिथक बनाम तथ्य

मिथक	तथ्य
उपनिषद केवल धार्मिक ग्रंथ हैं	वे दार्शनिक और आध्यात्मिक संवाद हैं
उपनिषद यज्ञ का विरोध करते हैं	वे यज्ञ से अधिक आत्मज्ञान को महत्व देते हैं

मिथक	तथ्य
आत्मा और ईश्वर अलग हैं	अधिकांश उपनिषद आत्मा और ब्रह्म की एकता पर बल देते हैं
उपनिषदों में स्त्रियों का स्थान नहीं था	गार्गी और मैत्रेयी जैसी विदुषियाँ महत्वपूर्ण थीं
उपनिषद केवल संन्यासियों के लिए थे	उनका उद्देश्य प्रत्येक मनुष्य को सत्य की खोज की प्रेरणा देना है

निष्कर्ष

उपनिषद काल भारतीय इतिहास का वह चरण था जब मनुष्य ने बाहरी अनुष्ठानों से आगे बढ़कर स्वयं से प्रश्न करना आरम्भ किया। 'मैं कौन हूँ?', 'यह जगत् क्या है?', 'मृत्यु के बाद क्या होता है?'— ये प्रश्न आज भी उतने ही महत्वपूर्ण हैं जितने हजारों वर्ष पहले थे।

उपनिषदों की सबसे बड़ी शिक्षा यह है कि सत्य बाहर नहीं, भीतर है। आत्मा और ब्रह्म की खोज ही मनुष्य के जीवन का सर्वोच्च उद्देश्य है।

अध्याय 6 महाकाव्य और उत्तरवैदिक काल: ब्राह्मण, राजसत्ता और धर्म

(Epic and Post-Vedic Age: Brahmins, Kingship and Dharma)

वैदिक और उपनिषद काल के पश्चात् भारतीय इतिहास में एक ऐसा युग आया जिसमें धर्म, राजनीति, समाज और संस्कृति का नया स्वरूप विकसित हुआ। यह काल मुख्यतः रामायण, महाभारत, धर्मसूत्रों, स्मृतियों और पुराणों का युग था। इसी समय ब्राह्मणों की भूमिका केवल वेदपाठ और गुरुकुल तक सीमित न रहकर राजसत्ता, युद्धनीति, धर्मशास्त्र और समाज-संगठन तक विस्तृत हो गयी।

महाकाव्यों और उत्तरवैदिक साहित्य में ब्राह्मण एक साथ कई रूपों में दिखाई देते हैं—ऋषि, गुरु, पुरोहित, दार्शनिक, सैनिक, राजनीतिज्ञ और कभी-कभी स्वयं योद्धा के रूप में। यही वह काल है जब ब्राह्मण और क्षत्रिय के सम्बन्ध सबसे अधिक जटिल और महत्वपूर्ण बने।

6.1 उत्तरवैदिक काल की विशेषताएँ

उत्तरवैदिक काल लगभग 1000 ईसा पूर्व से 500 ईसा पूर्व और उसके बाद के महाकाव्यकाल तक माना जाता है। इस काल की प्रमुख विशेषताएँ थीं:

- छोटे जनपदों से बड़े राज्यों का निर्माण
- राजसत्ता का विकास
- धर्मसूत्र और स्मृतियों की रचना

- यज्ञों और पुरोहितों का बढ़ता प्रभाव
- वर्ण और सामाजिक नियमों का अधिक व्यवस्थित होना

इसी समय ब्राह्मणों की भूमिका अधिक संगठित और प्रभावशाली बन गयी।

6.2 रामायण में ब्राह्मणों की भूमिका

रामायण केवल एक धार्मिक कथा नहीं, बल्कि उस समय के समाज और राजनीति का दर्पण भी है। इसमें अनेक ब्राह्मण पात्र महत्वपूर्ण भूमिका निभाते हैं।

वशिष्ठ

ऋषि वशिष्ठ इक्ष्वाकु वंश के कुलगुरु थे। वे राजा दशरथ और राम दोनों के मार्गदर्शक थे। राज्याभिषेक, यज्ञ और नीति—सभी में वशिष्ठ का प्रमुख स्थान था।

वशिष्ठ का आदर्श यह था कि राजा धर्म के अनुसार शासन करे। वे केवल पुरोहित नहीं, बल्कि नैतिक सलाहकार थे।

विश्वामित्र

विश्वामित्र प्रारम्भ में एक क्षत्रिय राजा थे, किन्तु बाद में कठोर तपस्या से ब्रह्मर्षि बने। वे राम और लक्ष्मण को अपने साथ ले जाते हैं और उन्हें युद्धकला, अस्त्र-विद्या और मन्त्रों का ज्ञान देते हैं।

विश्वामित्र का चरित्र यह दिखाता है कि:

- ब्राह्मणत्व जन्म से नहीं, तप और ज्ञान से प्राप्त हो सकता है
- ब्राह्मण केवल शान्त और निष्क्रिय नहीं, बल्कि शक्तिशाली और सक्रिय भी हो सकता है

अगस्त्य

ऋषि अगस्त्य दक्षिण भारत में वैदिक संस्कृति के प्रसार से जुड़े माने जाते हैं। रामायण में वे राम को दिव्य अस्त्र प्रदान करते हैं।

6.3 महाभारत में ब्राह्मणों की भूमिका

महाभारत में ब्राह्मण पात्रों की भूमिका और भी अधिक जटिल है। यहाँ वे केवल यज्ञकर्ता नहीं, बल्कि राजनीति, युद्ध और नैतिक संघर्ष के केन्द्र में हैं।

वेदव्यास

वेदव्यास महाभारत के रचयिता और कुरुवंश के पूर्वज हैं। वे ब्राह्मण होकर भी राजवंश की घटनाओं में सक्रिय भूमिका निभाते हैं।

वेदव्यास का महत्व इसलिए भी है क्योंकि उन्होंने:

- वेदों का संकलन किया
- महाभारत की रचना की
- धर्म और इतिहास को जोड़ा

द्रोणाचार्य

द्रोणाचार्य ब्राह्मण थे, किन्तु वे युद्धकला के महान आचार्य बने। उन्होंने कौरवों और पाण्डवों दोनों को अस्त्र-शस्त्र की शिक्षा दी।

द्रोणाचार्य का जीवन यह दिखाता है कि ब्राह्मण केवल शास्त्र ही नहीं, शस्त्र का ज्ञान भी रख सकते थे।

किन्तु उनका चरित्र विवादास्पद भी है। उन्होंने एकलव्य से उसका अंगूठा माँग लिया, जिससे सामाजिक भेदभाव का प्रश्न उठता है।

कृपाचार्य

कृपाचार्य भी ब्राह्मण और योद्धा दोनों थे। वे कुरु दरबार के गुरु और सैनिक थे।

परशुराम

परशुराम ब्राह्मण होते हुए भी सबसे बड़े योद्धाओं में माने जाते हैं। वे विष्णु के अवतार माने जाते हैं और कहा जाता है कि उन्होंने अत्याचारी क्षत्रियों का विनाश किया।

परशुराम का चरित्र यह दिखाता है कि उत्तरवैदिक काल में ब्राह्मण और क्षत्रिय की सीमाएँ उतनी कठोर नहीं थीं जितनी बाद में समझी गयीं।

6.4 ब्राह्मण और राजसत्ता

महाकाव्यकाल में ब्राह्मण और राजा का सम्बन्ध भारतीय राजनीति का आधार था।

- राजा के पास शक्ति थी
- ब्राह्मण के पास धर्म और वैधता

राजा को राज्याभिषेक, यज्ञ और धार्मिक समर्थन के लिए ब्राह्मणों की आवश्यकता होती थी। दूसरी ओर ब्राह्मणों को संरक्षण और दान के लिए राजा की आवश्यकता होती थी।

इस सम्बन्ध को 'राजा और पुरोहित' की साझेदारी कहा जा सकता है।

राजसूय और अश्वमेध

महाकाव्यकाल में बड़े यज्ञों का अत्यन्त महत्व था:

- राजसूय – राजा की सार्वभौमिक सत्ता का प्रतीक
- अश्वमेध – सैन्य और राजनीतिक शक्ति का प्रतीक

इन यज्ञों का संचालन ब्राह्मणों द्वारा किया जाता था। इससे ब्राह्मणों का राजनीतिक महत्व बढ़ा।

6.5 धर्मसूत्र और स्मृतियाँ

उत्तरवैदिक काल में अनेक धर्मसूत्र और स्मृतियाँ लिखी गयीं। इनमें समाज, विवाह, उत्तराधिकार, दण्ड और वर्ण व्यवस्था के नियम दिए गये।

प्रमुख धर्मसूत्र

- गौतम धर्मसूत्र

- आपस्तम्ब धर्मसूत्र
- बौधायन धर्मसूत्र

प्रमुख स्मृतियाँ

- मनुस्मृति
- याज्ञवल्क्य स्मृति
- नारद स्मृति

इन ग्रंथों का उद्देश्य समाज को व्यवस्थित करना था। किन्तु समय के साथ इनमें वर्ण, जाति और सामाजिक नियम अधिक कठोर होते गये।

6.6 धर्म की अवधारणा

महाभारत और रामायण में 'धर्म' केवल धार्मिक नियम नहीं है। धर्म का अर्थ है—वह आचरण जो सत्य, न्याय, कर्तव्य और समाज की भलाई के अनुकूल हो।

महाभारत में कहा गया है:

"धर्मो रक्षति रक्षितः।"

अर्थात् जो धर्म की रक्षा करता है, धर्म उसकी रक्षा करता है।

किन्तु महाभारत यह भी दिखाता है कि धर्म हमेशा सरल नहीं होता। कभी-कभी दो कर्तव्यों में संघर्ष होता है।

उदाहरण:

- भीष्म का राज्य के प्रति कर्तव्य बनाम सत्य
- अर्जुन का युद्ध बनाम करुणा
- युधिष्ठिर का सत्य बनाम राजनीति

इसलिए महाभारत धर्म को एक जटिल नैतिक प्रश्न के रूप में प्रस्तुत करता है।

6.7 ब्राह्मणों की आलोचना भी

महाकाव्य और पुराणों में ब्राह्मणों की केवल प्रशंसा नहीं की गयी। जहाँ कहीं ब्राह्मण अपने आदर्श से भटकते हैं, वहाँ उनकी आलोचना भी की गयी है।

उदाहरण

- रावण – अत्यन्त विद्वान ब्राह्मण, किन्तु अहंकार के कारण पतन
- द्रोणाचार्य – महान गुरु, किन्तु पक्षपात के कारण विवादास्पद
- अश्वत्थामा – ब्राह्मण पुत्र, किन्तु क्रोध और हिंसा के कारण निन्दित

इससे स्पष्ट है कि भारतीय परम्परा में ब्राह्मणत्व केवल जन्म नहीं, बल्कि आचरण से जुड़ा था।

6.8 पुराणों में ब्राह्मणों की भूमिका

पुराणों के युग में ब्राह्मणों ने धर्म, इतिहास और लोककथाओं को जोड़ने का कार्य किया। पुराणों में:

- वंशावलियाँ
- राजाओं की कथाएँ
- देवताओं और ऋषियों की परम्पराएँ
- तीर्थ और संस्कार

का वर्णन मिलता है।

ब्राह्मणों ने पुराणों के माध्यम से वैदिक धर्म को जनसाधारण तक पहुँचाया।

6.9 क्या उत्तरवैदिक काल में वर्ण कठोर हो गया?

हाँ, इस काल में वर्ण व्यवस्था पहले की तुलना में अधिक कठोर होती गयी। धर्मसूत्रों और स्मृतियों में:

- विवाह के नियम
- भोजन सम्बन्धी नियम
- जाति और वर्ण की सीमाएँ

अधिक स्पष्ट रूप से निर्धारित की गयीं।

किन्तु इसके बावजूद सामाजिक गतिशीलता पूरी तरह समाप्त नहीं हुई।

उदाहरण:

- विश्वामित्र क्षत्रिय से ब्राह्मण बने
- परशुराम ब्राह्मण होकर योद्धा बने
- वेदव्यास मिश्र वंश से थे

इसलिए उत्तरवैदिक काल एक संक्रमणकाल था—जहाँ एक ओर समाज अधिक कठोर हो रहा था, वहीं दूसरी ओर पुराने लचीलेपन के उदाहरण भी बने हुए थे।

6.10 रामायण और महाभारत में आदर्श ब्राह्मण

महाकाव्यों में आदर्श ब्राह्मण वह है जो:

- ज्ञानवान हो
- सत्यवादी हो
- लोभ और अहंकार से दूर हो
- धर्म का पालन करे
- राजा को सही मार्ग दिखाए

वशिष्ठ, व्यास, याज्ञवल्क्य और विदुर जैसे पात्र इस आदर्श के निकट हैं।

इसके विपरीत जो व्यक्ति केवल जन्म से ब्राह्मण हो, किन्तु उसके कर्म अधर्मपूर्ण हों, उसे आदर्श नहीं माना गया।

मिथक बनाम तथ्य

मिथक	तथ्य
महाकाव्यकाल में ब्राह्मण केवल यज्ञ करते थे	वे गुरु, योद्धा, राजनीतिज्ञ और दार्शनिक भी थे
द्रोण और परशुराम जैसे पात्र ब्राह्मण नहीं थे	वे जन्म से ब्राह्मण थे, किन्तु युद्धकला में भी निपुण थे
धर्मशास्त्र ही पूरे समाज की वास्तविकता थे	वे आदर्श और नियम थे; व्यवहार में विविधता थी
महाकाव्यों में ब्राह्मणों की केवल प्रशंसा की गयी है	रावण, द्रोण और अश्वत्थामा जैसे पात्रों की आलोचना भी हुई है
वर्ण व्यवस्था पूरी तरह कठोर हो चुकी थी	अभी भी कुछ सामाजिक गतिशीलता बनी हुई थी

निष्कर्ष

महाकाव्य और उत्तरवैदिक काल भारतीय इतिहास का वह चरण था जिसमें ब्राह्मणों की भूमिका सबसे अधिक विस्तृत और प्रभावशाली बनी। वे केवल वेदपाठी या पुरोहित नहीं रहे, बल्कि राज्य, समाज, युद्ध, दर्शन और नैतिकता के मार्गदर्शक बने।

किन्तु इसी काल में वर्ण व्यवस्था अधिक कठोर हुई और ब्राह्मणों का सामाजिक प्रभाव भी बढ़ा। इसलिए यह काल एक ओर आदर्शों का युग है, तो दूसरी ओर उन समस्याओं की शुरुआत भी, जो बाद में जाति और सामाजिक असमानता के रूप में दिखाई देती हैं।

अध्याय 7 बौद्ध-जैन युग: ब्राह्मणवाद की चुनौती और पुनरुत्थान

(The Buddhist-Jain Age: Challenge to Brahmanism and Its Transformation)

ईसा पूर्व छठी शताब्दी के आसपास भारत में एक महान धार्मिक और बौद्धिक परिवर्तन आरम्भ हुआ। यह वह समय था जब वैदिक यज्ञ, पुरोहितवाद और वर्ण-व्यवस्था की कठोरता के विरुद्ध अनेक प्रश्न उठने लगे। इसी पृष्ठभूमि में बौद्ध और जैन धर्म का उदय हुआ।

गौतम बुद्ध और महावीर ने केवल एक नया धर्म नहीं दिया, बल्कि उस समय के सामाजिक और धार्मिक ढाँचे को चुनौती दी। उन्होंने यज्ञों, पशुबलि, जन्म-आधारित श्रेष्ठता और ब्राह्मणों के विशेषाधिकारों की आलोचना की।

किन्तु यह भी सत्य है कि बौद्ध और जैन आन्दोलन ब्राह्मण परम्परा से पूर्णतः अलग नहीं थे। उन्होंने वैदिक संस्कृति के अनेक विचारों—जैसे कर्म, पुनर्जन्म और मोक्ष—को स्वीकार किया, किन्तु उनकी नई व्याख्या की।

इस अध्याय में हम देखेंगे कि बौद्ध-जैन युग में ब्राह्मणों की स्थिति क्या थी, उन्हें किन चुनौतियों का सामना करना पड़ा, और उन्होंने अपने को किस प्रकार बदला और पुनः स्थापित किया।

7.1 बौद्ध-जैन युग की पृष्ठभूमि

लगभग 600 ईसा पूर्व तक भारतीय समाज में कई परिवर्तन हो चुके थे:

- बड़े राज्यों और नगरों का विकास
- व्यापार और वैश्य वर्ग की वृद्धि
- यज्ञों और पुरोहितों का अत्यधिक प्रभाव
- वर्ण व्यवस्था की बढ़ती कठोरता
- सामान्य जनता में असन्तोष

महँगे यज्ञ और जटिल संस्कार सामान्य लोगों के लिए कठिन थे। समाज के निम्न वर्गों और व्यापारियों को लगता था कि धार्मिक व्यवस्था केवल ब्राह्मणों के हित में है।

इसी कारण एक ऐसे धर्म की आवश्यकता महसूस हुई जो सरल, नैतिक और सभी के लिए खुला हो।

7.2 बुद्ध और ब्राह्मणवाद की आलोचना

गौतम बुद्ध स्वयं एक क्षत्रिय परिवार से थे। उन्होंने ज्ञान प्राप्ति के बाद उस समय की धार्मिक व्यवस्था की आलोचना की।

बुद्ध की मुख्य आलोचनाएँ

1. यज्ञ और पशुबलि का विरोध
2. जन्म-आधारित श्रेष्ठता का विरोध

3. कर्म और नैतिकता को अधिक महत्त्व
4. आत्मा और ईश्वर के प्रश्नों से अधिक दुःख और मुक्ति पर बल

बुद्ध ने कहा:

"न जात्या ब्राह्मणो होति, कर्मणा ब्राह्मणो होति।"

अर्थात् जन्म से नहीं, कर्म से मनुष्य श्रेष्ठ बनता है।

यह विचार गीता और उपनिषदों के 'गुण-कर्म' सिद्धान्त से मिलता-जुलता है, किन्तु बुद्ध ने इसे अधिक स्पष्ट और सामाजिक रूप से प्रभावशाली रूप में प्रस्तुत किया।

बौद्ध संघ

बुद्ध ने एक ऐसा संघ बनाया जिसमें:

- ब्राह्मण
- क्षत्रिय
- वैश्य
- शूद्र
- स्त्रियाँ

सभी प्रवेश कर सकते थे।

इससे पहली बार धार्मिक क्षेत्र में व्यापक सामाजिक समानता का विचार सामने आया।

7.3 महावीर और जैन धर्म

महावीर भी क्षत्रिय कुल से थे। उन्होंने जैन धर्म को व्यवस्थित रूप दिया।

जैन धर्म ने भी ब्राह्मणवादी यज्ञों और हिंसा का विरोध किया। महावीर ने पाँच मुख्य सिद्धान्त दिए:

1. अहिंसा
2. सत्य
3. अस्तेय
4. ब्रह्मचर्य
5. अपरिग्रह

जैन धर्म में मोक्ष का मार्ग तप, संयम और अहिंसा से होकर जाता है, न कि यज्ञ और जन्म से।

7.4 क्या बुद्ध और महावीर वेदों को पूर्णतः अस्वीकार करते थे?

यह प्रश्न जटिल है। बुद्ध और महावीर ने वेदों की सर्वोच्चता और यज्ञों की आवश्यकता को अस्वीकार किया, किन्तु उन्होंने भारतीय दार्शनिक परम्परा के अनेक विचारों को स्वीकार किया।

जिन विचारों को उन्होंने स्वीकार किया

- कर्म

- पुनर्जन्म
- मोक्ष या निर्वाण
- तप और आत्मसंयम

जिनकी आलोचना की

- पशुबलि
- पुरोहितवाद
- जन्म-आधारित श्रेष्ठता
- अत्यधिक कर्मकाण्ड

इस प्रकार बौद्ध और जैन धर्म भारतीय परम्परा के भीतर ही एक सुधार आन्दोलन थे।

7.5 बौद्ध और जैन ग्रन्थों में ब्राह्मण

बौद्ध साहित्य में अनेक ब्राह्मण पात्रों का वर्णन है। कुछ ब्राह्मण बुद्ध के विरोधी हैं, किन्तु अनेक उनके शिष्य भी बन जाते हैं।

उदाहरण

- सारिपुत्र – ब्राह्मण परिवार से थे
- मौद्गल्यायन – ब्राह्मण थे
- कश्यप बन्धु – प्रारम्भ में वैदिक पुरोहित, बाद में बुद्ध के अनुयायी

बुद्ध ने उन ब्राह्मणों की प्रशंसा की जो:

- सत्यवादी हों
- अहिंसक हों
- लोभ और अहंकार से मुक्त हों

किन्तु वे उन ब्राह्मणों की आलोचना करते हैं जो केवल जन्म और यज्ञ के आधार पर अपने को श्रेष्ठ मानते थे।

7.6 मौर्य काल और ब्राह्मण

मौर्य साम्राज्य के समय बौद्ध धर्म को बड़ा संरक्षण मिला, विशेषतः सम्राट अशोक के शासन में।

अशोक

अशोक ने:

- बौद्ध धर्म को अपनाया
- हिंसा और पशुबलि का विरोध किया
- धर्ममहामात्र नियुक्त किए
- बौद्ध विहार और स्तूप बनवाए

इससे बौद्ध धर्म का प्रभाव बढ़ा और ब्राह्मणों की पारम्परिक स्थिति कुछ कम हुई।

किन्तु अशोक ने ब्राह्मणों को पूरी तरह समाप्त नहीं किया। उनके अभिलेखों में 'ब्राह्मण और श्रमण' दोनों के सम्मान की बात कही गयी है।

7.7 ब्राह्मणों की प्रतिक्रिया और परिवर्तन

बौद्ध और जैन धर्म की चुनौती के बाद ब्राह्मणों ने अपने धर्म और समाज को बदलना आरम्भ किया।

प्रमुख परिवर्तन

1. यज्ञों की अपेक्षा भक्ति और पूजा पर अधिक बल
2. पुराणों और महाकाव्यों का विकास
3. मंदिरों और तीर्थों का महत्व बढ़ना
4. दार्शनिक सम्प्रदायों का विकास
5. वैदिक धर्म को अधिक सरल और लोकप्रिय बनाना

इसी समय:

- उपनिषदों की नई व्याख्या हुई
- वेदान्त और मीमांसा का विकास हुआ
- विष्णु, शिव और देवी की पूजा अधिक लोकप्रिय हुई

7.8 मीमांसा और वेदान्त

बौद्ध और जैन आलोचना के उत्तर में ब्राह्मण विद्वानों ने अपने दर्शन को अधिक व्यवस्थित बनाया।

मीमांसा

मीमांसा दर्शन ने वेदों की प्रामाणिकता और यज्ञों की आवश्यकता का समर्थन किया। इसके प्रमुख आचार्य थे:

- जैमिनि
- कुमारिल भट्ट

कुमारिल भट्ट ने बौद्ध धर्म की तीव्र आलोचना की और वैदिक परम्परा का समर्थन किया।

वेदान्त

वेदान्त ने उपनिषदों के आधार पर यह कहा कि मोक्ष केवल कर्मकाण्ड से नहीं, बल्कि ज्ञान से प्राप्त होता है।

आदि शंकराचार्य ने बाद में इसी परम्परा को आगे बढ़ाया।

7.9 गुप्तकाल और ब्राह्मणों का पुनरुत्थान

चौथी-पाँचवीं शताब्दी ईस्वी में गुप्तकाल के समय ब्राह्मणों की स्थिति पुनः मजबूत हुई।

गुप्तकाल की विशेषताएँ

- संस्कृत भाषा का उत्कर्ष
- पुराणों और स्मृतियों का विकास
- मंदिर-निर्माण
- ब्राह्मणों को भूमि-दान

- हिन्दू धर्म का पुनरुत्थान

इस समय ब्राह्मण फिर से समाज और राज्य के प्रमुख सलाहकार बन गये।

किन्तु अब उनका धर्म पहले की तुलना में अधिक व्यापक और लोकप्रिय था। इसमें:

- भक्ति
- पुराण
- तीर्थ
- लोककथाएँ

भी सम्मिलित हो गयी थीं।

7.10 क्या बौद्ध धर्म ने ब्राह्मणवाद को समाप्त कर दिया?

नहीं। बौद्ध धर्म ने ब्राह्मणवाद को चुनौती दी, किन्तु उसे समाप्त नहीं किया। इसके विपरीत, उसने ब्राह्मण धर्म को बदलने और अधिक लचीला बनने के लिए प्रेरित किया।

बाद के हिन्दू धर्म में:

- अहिंसा
- करुणा
- ध्यान

- तप
- समानता

जैसे विचारों पर अधिक बल दिया गया।

इस प्रकार बौद्ध और जैन धर्म के साथ संघर्ष और संवाद ने भारतीय धर्म को अधिक समृद्ध बनाया।

मिथक बनाम तथ्य

मिथक	**तथ्य**
बुद्ध और महावीर ने हिन्दू धर्म से कोई सम्बन्ध नहीं रखा	वे भारतीय परम्परा के भीतर ही सुधारक थे
बौद्ध धर्म पूरी तरह ब्राह्मण-विरोधी था	अनेक ब्राह्मण बुद्ध के अनुयायी बने
अशोक ने ब्राह्मणों को समाप्त कर दिया	अशोक ने ब्राह्मण और श्रमण दोनों का सम्मान किया
बौद्ध धर्म के बाद ब्राह्मण समाप्त हो गये	गुप्तकाल में उनका पुनरुत्थान हुआ
हिन्दू धर्म और बौद्ध धर्म हमेशा शत्रु रहे	दोनों के बीच संघर्ष के साथ-साथ गहरा संवाद भी था

निष्कर्ष

बौद्ध-जैन युग भारतीय इतिहास का वह काल था जब ब्राह्मणों और वैदिक धर्म को पहली बार गंभीर चुनौती मिली। बुद्ध और महावीर ने जन्म-आधारित श्रेष्ठता, यज्ञ और पुरोहितवाद की आलोचना की।

किन्तु इस चुनौती ने भारतीय धर्म को अधिक जीवित, लचीला और व्यापक बना दिया। ब्राह्मणों ने अपने धर्म को बदला, पुराणों और भक्ति को अपनाया, और अंततः एक नया हिन्दू धर्म विकसित हुआ

जिसमें वैदिक, उपनिषदिक, बौद्ध और जैन—सभी परम्पराओं का प्रभाव दिखाई देता है।

अध्याय 8 मध्यकाल: आक्रमण, भक्ति और ब्राह्मण परम्परा का परिवर्तन

(The Medieval Period: Invasions, Bhakti and the Transformation of Brahmin Tradition)

भारतीय इतिहास का मध्यकाल लगभग आठवीं शताब्दी से अठारहवीं शताब्दी तक माना जाता है। यह काल राजनीतिक अस्थिरता, विदेशी आक्रमणों, धार्मिक संघर्ष, सांस्कृतिक परिवर्तन और सामाजिक पुनर्गठन का युग था। इसी समय एक ओर ब्राह्मणों और पारम्परिक हिन्दू संस्थाओं को अनेक चुनौतियों का सामना करना पड़ा, तो दूसरी ओर भक्ति आन्दोलन, दर्शन और क्षेत्रीय संस्कृतियों के माध्यम से भारतीय धर्म ने स्वयं को नए रूप में पुनर्गठित किया।

मध्यकाल को केवल 'अन्धकार युग' या केवल 'सांस्कृतिक समन्वय' कहना दोनों ही अधूरा होगा। वास्तव में यह एक जटिल काल था, जिसमें संघर्ष भी था, विनाश भी, और साथ ही सृजन, अनुकूलन और पुनर्जागरण भी।

8.1 प्रारम्भिक मध्यकाल और ब्राह्मणों की स्थिति

गुप्तकाल के बाद भारत में अनेक क्षेत्रीय राज्यों का उदय हुआ। इस समयः

- ब्राह्मणों को भूमि-दान (अग्रहार) दिए गये
- मंदिर शिक्षा और संस्कृति के केन्द्र बने
- संस्कृत साहित्य और पुराणों का विकास हुआ

ब्राह्मण केवल पुरोहित नहीं, बल्किः

- शिक्षक
- प्रशासक
- ज्योतिषी
- कवि
- दार्शनिक

के रूप में भी कार्य करते थे।

दक्षिण भारत में चोल, पल्लव और राष्ट्रकूट राजाओं ने ब्राह्मणों को बड़े पैमाने पर भूमि और संरक्षण दिया।

8.2 विदेशी आक्रमण और उनका प्रभाव

आठवीं शताब्दी के बाद भारत पर अरब, तुर्क और अफ़ग़ान आक्रमण हुए। बाद में दिल्ली सल्तनत और मुग़ल साम्राज्य की स्थापना हुई।

इन आक्रमणों का प्रभाव विभिन्न क्षेत्रों में अलग-अलग था।

प्रभावित संस्थाएँ

- मंदिर
- गुरुकुल
- विश्वविद्यालय
- आश्रम

कुछ प्रसिद्ध केन्द्र जिन्हें आक्रमणों से क्षति पहुँची:

- नालन्दा
- विक्रमशिला
- काशी के अनेक मंदिर
- मथुरा और सोमनाथ

नालन्दा विश्वविद्यालय का विनाश विशेष रूप से महत्वपूर्ण था। यह केवल बौद्ध शिक्षा का केन्द्र नहीं था, बल्कि वहाँ ब्राह्मण, बौद्ध और अन्य परम्पराओं का अध्ययन भी होता था।

किन्तु यह भी सत्य है कि सम्पूर्ण भारत में एक समान विनाश नहीं हुआ। दक्षिण भारत, हिमालय और ग्रामीण क्षेत्रों में अनेक परम्पराएँ सुरक्षित रहीं।

8.3 ब्राह्मणों का अनुकूलन

विदेशी आक्रमणों और राजनीतिक परिवर्तन के बाद ब्राह्मणों ने अपने को नये ढंग से ढालना आरम्भ किया।

प्रमुख परिवर्तन

1. गुरुकुलों के स्थान पर मंदिर और मठ शिक्षा के केन्द्र बने
2. संस्कृत के साथ-साथ क्षेत्रीय भाषाओं का प्रयोग बढ़ा
3. धार्मिक ज्ञान को लोकभाषा में समझाया जाने लगा
4. पुरोहितों की भूमिका गाँव और स्थानीय समाज तक सीमित हुई

इसी समय क्षेत्रीय भाषाओं में धार्मिक साहित्य की रचना आरम्भ हुई।

उदाहरण:

- रामचरितमानस – अवधी में
- ज्ञानेश्वरी – मराठी में
- आलवार और नयनार भक्ति – तमिल में

8.4 आदि शंकराचार्य और वेदान्त का पुनरुत्थान

आदि शंकराचार्य (आठवीं शताब्दी) मध्यकालीन भारत के सबसे महत्वपूर्ण दार्शनिकों में से एक थे।

उन्होंने:

- अद्वैत वेदान्त को व्यवस्थित किया
- बौद्ध दर्शन की आलोचना की
- भारत के चारों दिशाओं में मठ स्थापित किए

चार प्रमुख मठ

1. श्रृंगेरी (दक्षिण)
2. द्वारका (पश्चिम)
3. पुरी (पूर्व)
4. ज्योतिर्मठ/बद्रीनाथ (उत्तर)

शंकराचार्य का मत था:

"ब्रह्म सत्यं जगन्मिथ्या, जीवो ब्रह्मैव नापरः।"

उनका कार्य केवल दर्शन तक सीमित नहीं था। उन्होंने ब्राह्मण परम्परा को पुनर्गठित किया और सम्पूर्ण भारत को एक सांस्कृतिक सूत्र में बाँधने का प्रयास किया।

8.5 रामानुज, माध्व और अन्य आचार्य

शंकराचार्य के बाद अन्य आचार्यों ने भी हिन्दू धर्म को नया रूप दिया।

रामानुजाचार्य

रामानुजाचार्य ने विशिष्टाद्वैत दर्शन दिया। उनके अनुसार:

- ईश्वर और जीव जुड़े हुए हैं
- भक्ति मोक्ष का मुख्य मार्ग है

उन्होंने दक्षिण भारत में भक्ति और सामाजिक समानता पर बल दिया।

माध्वाचार्य

माध्वाचार्य ने द्वैत दर्शन दिया। उनके अनुसार:

- जीव और ईश्वर सदा अलग हैं
- विष्णु सर्वोच्च हैं

निम्बार्क और वल्लभाचार्य

इन आचार्यों ने कृष्ण-भक्ति को विशेष महत्व दिया।

इन सभी आचार्यों की विशेषता यह थी कि उन्होंने धर्म को केवल विद्वानों तक सीमित नहीं रखा, बल्कि सामान्य लोगों के लिए भी सरल बनाया।

8.6 भक्ति आन्दोलन और ब्राह्मण

मध्यकाल का सबसे बड़ा धार्मिक आन्दोलन था—भक्ति आन्दोलन।

भक्ति आन्दोलन ने यह सिखाया कि:

- ईश्वर तक पहुँचने के लिए केवल यज्ञ और कर्मकाण्ड आवश्यक नहीं
- भक्ति, प्रेम और नाम-स्मरण भी पर्याप्त हैं

भक्ति आन्दोलन में ब्राह्मण और गैर-ब्राह्मण—दोनों प्रकार के सन्त थे।

ब्राह्मण सन्त

- रामानुजाचार्य
- चैतन्य महाप्रभु
- तुलसीदास
- सूरदास

गैर-ब्राह्मण सन्त

- कबीर
- रविदास
- नामदेव
- तुकाराम

इससे स्पष्ट है कि मध्यकाल में धर्म अधिक लोकतांत्रिक और जनसाधारण के निकट हुआ।

8.7 तुलसीदास और रामचरितमानस

तुलसीदास ब्राह्मण थे, किन्तु उन्होंने संस्कृत के स्थान पर अवधी में रामचरितमानस लिखी।

इसका प्रभाव यह हुआ कि रामकथा पहली बार गाँव-गाँव और सामान्य जनता तक पहुँची।

तुलसीदास ने:

- धर्म को सरल बनाया
- भक्ति को कर्मकाण्ड से ऊपर रखा
- सामाजिक आदर्शों को लोकभाषा में प्रस्तुत किया

8.8 कश्मीरी पण्डित और अन्य क्षेत्रीय ब्राह्मण

मध्यकाल में विभिन्न क्षेत्रों के ब्राह्मणों की स्थिति अलग-अलग रही।

कश्मीरी पण्डित

कश्मीरी पण्डित संस्कृत, दर्शन और प्रशासन में अत्यन्त प्रसिद्ध थे। अनेक मुस्लिम शासकों के दरबार में भी उन्होंने विद्वान और मन्त्री के रूप में कार्य किया।

किन्तु समय-समय पर उन्हें धार्मिक उत्पीड़न और विस्थापन का सामना भी करना पड़ा।

दक्षिण भारतीय ब्राह्मण

दक्षिण भारत में ब्राह्मणों की स्थिति अपेक्षाकृत सुरक्षित रही। चोल और विजयनगर साम्राज्य ने उन्हें संरक्षण दिया।

महाराष्ट्र और कर्नाटक

यहाँ ब्राह्मणों ने भक्ति, दर्शन और प्रशासन—तीनों में महत्त्वपूर्ण भूमिका निभायी।

8.9 क्या मध्यकाल में ब्राह्मणों की शक्ति कम हुई?

एक सीमा तक हाँ।

- राजनीतिक सत्ता अब मुस्लिम शासकों के हाथ में थी
- बड़े यज्ञ और वैदिक अनुष्ठान कम हो गये
- ब्राह्मणों की आर्थिक स्थिति कुछ क्षेत्रों में कमजोर हुई

किन्तु दूसरी ओर:

- मंदिरों और मठों में उनका प्रभाव बना रहा
- वे शिक्षा और संस्कृति के संरक्षक बने रहे
- भक्ति आन्दोलन के माध्यम से उन्होंने नई भूमिका ग्रहण की

अतः मध्यकाल में ब्राह्मणों की शक्ति समाप्त नहीं हुई, बल्कि उसका स्वरूप बदल गया।

8.10 हिन्दू-मुस्लिम सांस्कृतिक संवाद

मध्यकाल केवल संघर्ष का समय नहीं था। अनेक स्थानों पर हिन्दू और मुस्लिम परम्पराओं के बीच संवाद और समन्वय भी हुआ।

उदाहरण:

- सूफी और भक्ति परम्परा में समानताएँ
- संगीत, कविता और भाषा का मिश्रण
- फ़ारसी और संस्कृत विद्वानों का सम्पर्क

अकबर के समय कई ब्राह्मण विद्वानों को दरबार में स्थान मिला। संस्कृत ग्रन्थों का फ़ारसी में अनुवाद हुआ।

उदाहरण:

- महाभारत का फ़ारसी अनुवाद – 'रज़्मनामा'

मिथक बनाम तथ्य

मिथक	**तथ्य**
मध्यकाल केवल अन्धकार और विनाश का युग था	इस काल में भक्ति, दर्शन और क्षेत्रीय साहित्य का विकास भी हुआ
विदेशी आक्रमणों से सभी हिन्दू संस्थाएँ नष्ट हो गयीं	अनेक परम्पराएँ बचीं और नए रूप में विकसित हुईं
भक्ति आन्दोलन केवल गैर-ब्राह्मणों का आन्दोलन था	इसमें अनेक ब्राह्मण सन्त और आचार्य भी थे

मिथक	तथ्य
शंकराचार्य केवल दार्शनिक थे	वे सांस्कृतिक संगठक और मठ-स्थापक भी थे
मध्यकाल में ब्राह्मण समाप्त हो गये	उन्होंने अपने को बदलकर नई भूमिका अपनायी

निष्कर्ष

मध्यकाल भारतीय इतिहास का एक जटिल और परिवर्तनकारी युग था। विदेशी आक्रमणों, राजनीतिक परिवर्तन और धार्मिक चुनौतियों ने ब्राह्मण परम्परा को गहराई से प्रभावित किया।

किन्तु इसी काल में शंकराचार्य, रामानुज, माध्व, तुलसीदास और भक्ति आन्दोलन के माध्यम से भारतीय धर्म ने स्वयं को पुनः संगठित किया।

ब्राह्मणों की भूमिका अब केवल वेद और यज्ञ तक सीमित नहीं रही; वे भक्ति, लोकभाषा, मठ, मंदिर और सांस्कृतिक एकता के वाहक बन गये।

अध्याय 9 औपनिवेशिक और आधुनिक काल: ब्राह्मण समाज, सुधार और नई पहचान

(The Colonial and Modern Period: Brahmin Society, Reform and New Identity)

अठारहवीं शताब्दी के अन्त और उन्नीसवीं शताब्दी में भारत में एक नया युग आरम्भ हुआ। अंग्रेज़ी शासन, आधुनिक शिक्षा, मुद्रण, जनगणना, नए कानून और सामाजिक सुधार आन्दोलन—इन सबने भारतीय समाज को गहराई से बदल दिया। ब्राह्मण समुदाय, जो सदियों तक धार्मिक, शैक्षिक और सामाजिक नेतृत्व का केन्द्र रहा था, इस परिवर्तन से सबसे अधिक प्रभावित हुआ।

औपनिवेशिक काल में एक ओर ब्राह्मणों को आधुनिक शिक्षा और प्रशासन में नए अवसर मिले, तो दूसरी ओर उनकी पारम्परिक स्थिति, विशेषाधिकार और सामाजिक भूमिका को चुनौती भी मिली। इसी काल में जाति, वर्ण, ब्राह्मणवाद और सामाजिक न्याय के प्रश्न नए रूप में उठे।

9.1 अंग्रेज़ों के आगमन से पहले ब्राह्मणों की स्थिति

मुग़ल और क्षेत्रीय राज्यों के अन्तिम चरण तक भारत में ब्राह्मणों की स्थिति विभिन्न क्षेत्रों में भिन्न थी।

- कुछ ब्राह्मण राजाओं के मन्त्री, पुरोहित और प्रशासक थे
- कुछ ग्रामीण पुरोहित, शिक्षक और ज्योतिषी थे
- कुछ क्षेत्रों में वे आर्थिक रूप से सम्पन्न थे
- कई स्थानों पर वे साधारण और गरीब भी थे

महाराष्ट्र में पेशवा ब्राह्मणों का प्रभाव था, जबकि बंगाल, काशी, मिथिला और दक्षिण भारत में ब्राह्मण विद्वानों का बड़ा सम्मान था।

9.2 अंग्रेज़ी शिक्षा और ब्राह्मण

अंग्रेज़ी शासन के बाद भारत में आधुनिक शिक्षा की शुरुआत हुई। 1835 में लॉर्ड मैकाले की शिक्षा-नीति के बाद अंग्रेज़ी माध्यम और आधुनिक विषयों का प्रसार हुआ।

ब्राह्मणों ने अपेक्षाकृत शीघ्रता से इस नई शिक्षा को अपनाया। इसके कई कारण थे:

- वे पहले से पढ़े-लिखे थे
- संस्कृत और अध्ययन की परम्परा थी
- प्रशासन और लेखन का अनुभव था

इसका परिणाम यह हुआ कि उन्नीसवीं शताब्दी में:

- अनेक ब्राह्मण अंग्रेज़ी स्कूलों और कॉलेजों में पहुँचे
- वे वकील, शिक्षक, न्यायाधीश और सरकारी अधिकारी बने

- आधुनिक पत्रकारिता और साहित्य में उनका बड़ा योगदान हुआ

उदाहरण:

- बंगाल के ब्राह्मणों ने आधुनिक शिक्षा में अग्रणी भूमिका निभायी
- महाराष्ट्र के चितपावन ब्राह्मणों ने राजनीति और सुधार आन्दोलन में योगदान दिया

9.3 जनगणना और जाति की नई परिभाषा

ब्रिटिश शासन ने पहली बार भारत में व्यवस्थित जनगणना आरम्भ की।

1871 से लेकर आगे की जनगणनाओं में लोगों से उनकी जाति, वर्ण और उपजाति पूछी गयी।

इसका एक बड़ा प्रभाव यह हुआ कि:

- जातियाँ अधिक स्थिर और निश्चित रूप में दर्ज हो गयीं
- जो पहचान पहले लचीली थी, वह सरकारी रिकॉर्ड में स्थायी बन गयी
- अनेक समुदायों ने अपने को ऊँची जाति सिद्ध करने का प्रयास किया

कुछ विद्वानों का मत है कि ब्रिटिश जनगणना ने जाति को और अधिक कठोर बना दिया।

9.4 ब्राह्मणवाद की आलोचना

औपनिवेशिक काल में अनेक भारतीय सुधारकों और पश्चिमी विद्वानों ने ब्राह्मणवाद और जाति-व्यवस्था की आलोचना की।

ज्योतिबा फुले

फुले ने ब्राह्मणों पर आरोप लगाया कि उन्होंने धर्म और शिक्षा पर अधिकार करके समाज के निम्न वर्गों को दबाया।

डॉ. भीमराव अम्बेडकर

अम्बेडकर ने जाति और ब्राह्मणवाद की सबसे गहरी आलोचना की। उनके अनुसार:

- जाति व्यवस्था ने भारतीय समाज को विभाजित किया
- ब्राह्मणवाद ने सामाजिक असमानता को बढ़ाया

उन्होंने कहा:

"जाति केवल श्रम-विभाजन नहीं, बल्कि श्रमिकों का विभाजन है।"

पेरियार

दक्षिण भारत में पेरियार ने ब्राह्मणों के विशेषाधिकारों और सामाजिक प्रभुत्व का विरोध किया।

9.5 ब्राह्मण सुधारक और नवजागरण

यह कहना गलत होगा कि केवल बाहरी लोगों ने ब्राह्मण समाज की आलोचना की। अनेक ब्राह्मण सुधारकों ने भी समाज को बदलने का प्रयास किया।

राजा राममोहन राय

राजा राममोहन राय बंगाल के ब्राह्मण थे। उन्होंने:

- सती प्रथा का विरोध किया
- स्त्री शिक्षा का समर्थन किया
- ब्रह्म समाज की स्थापना की

ईश्वरचन्द्र विद्यासागर

विद्यासागर ने:

- विधवा विवाह का समर्थन किया
- बाल विवाह का विरोध किया
- स्त्री शिक्षा को बढ़ावा दिया

स्वामी दयानन्द सरस्वती

उन्होंने कहा:

"वेदों की ओर लौटो।"

उन्होंने जाति और मूर्तिपूजा की आलोचना की तथा आर्य समाज की स्थापना की।

स्वामी विवेकानन्द

विवेकानन्द ने कहा कि सच्चा ब्राह्मण वह है जो निःस्वार्थ, ज्ञानी और मानवता की सेवा करने वाला हो।

9.6 आधुनिक राजनीति में ब्राह्मण

उन्नीसवीं और बीसवीं शताब्दी में अनेक ब्राह्मण भारतीय राजनीति और स्वतन्त्रता आन्दोलन में अग्रणी रहे।

प्रमुख उदाहरण

- बाल गंगाधर तिलक
- गोपाल कृष्ण गोखले
- मदन मोहन मालवीय
- जवाहरलाल नेहरू
- चन्द्रशेखर आज़ाद

इनमें से कई लोग परम्परागत ब्राह्मण परिवारों से थे, किन्तु उनकी भूमिका केवल धार्मिक नहीं, बल्कि राजनीतिक और राष्ट्रीय थी।

9.7 आरक्षण और आधुनिक विवाद

स्वतन्त्रता के बाद भारत में सामाजिक न्याय और समानता के लिए आरक्षण नीति लागू की गयी।

इससे ब्राह्मणों और अन्य ऊँची जातियों की पारम्परिक स्थिति में परिवर्तन आया।

आधुनिक बहस

कुछ लोगों का मत है:

- ब्राह्मणों को ऐतिहासिक रूप से विशेषाधिकार प्राप्त थे
- इसलिए सामाजिक न्याय के लिए आरक्षण आवश्यक है

दूसरी ओर कुछ लोग कहते हैं:

- आज सभी ब्राह्मण सम्पन्न नहीं हैं
- आधुनिक समाज में आर्थिक स्थिति भी महत्वपूर्ण है

यह बहस आज भी जारी है।

9.8 आधुनिक भारत में ब्राह्मणों की नई भूमिका

आज के भारत में अधिकांश ब्राह्मण पारम्परिक पुरोहित या संस्कृत विद्वान नहीं हैं। वे:

- शिक्षक
- वैज्ञानिक
- डॉक्टर
- इंजीनियर

- लेखक
- राजनेता
- व्यापारी
- कृषक

के रूप में कार्य करते हैं।

कई ब्राह्मण परिवारों ने अपनी पारम्परिक पहचान बनाए रखी है, किन्तु उनका जीवन अब आधुनिक शिक्षा और पेशों से जुड़ा है।

9.9 क्या आधुनिक युग में ब्राह्मण होना केवल जाति है?

यह प्रश्न आज बहुत महत्वपूर्ण है।

यदि प्राचीन ग्रन्थों को देखें, तो ब्राह्मण का अर्थ था:

- ज्ञान
- तप
- नैतिकता
- सत्य

किन्तु आधुनिक समाज में अक्सर ब्राह्मण केवल एक जाति या उपनाम बन गया है।

स्वामी विवेकानन्द ने कहा:

“ब्राह्मणत्व किसी जाति का नाम नहीं, बल्कि मनुष्य के सर्वोच्च आदर्श का नाम है।”

इस दृष्टि से ‘ब्राह्मण’ एक नैतिक और बौद्धिक आदर्श हो सकता है, न कि केवल जन्म-आधारित पहचान।

9.10 प्रवासी भारतीय और ब्राह्मण पहचान

आज भारत के बाहर भी लाखों ब्राह्मण परिवार रहते हैं। अमेरिका, ब्रिटेन, कनाडा, ऑस्ट्रेलिया और खाड़ी देशों में बसे भारतीयों ने:

- मंदिर बनाए
- संस्कार और त्योहार जीवित रखे
- गोत्र और परिवार परम्परा को सुरक्षित रखा

किन्तु नई पीढ़ी में जाति की पहचान अपेक्षाकृत कमजोर होती जा रही है।

अब बहुत से लोग अपने को केवल ‘हिन्दू’ या ‘भारतीय’ के रूप में पहचानते हैं।

मिथक बनाम तथ्य

मिथक	**तथ्य**
सभी ब्राह्मण अंग्रेज़ी शासन में सम्पन्न हो गये	अनेक ब्राह्मण गरीब और साधारण जीवन जीते रहे
केवल गैर-ब्राह्मणों ने सुधार आन्दोलन चलाया	राजा राममोहन राय, विद्यासागर, विवेकानन्द जैसे ब्राह्मण सुधारक भी थे

मिथक	तथ्य
जाति हमेशा से उतनी ही कठोर थी जितनी आज है	ब्रिटिश जनगणना और कानूनों ने उसे और स्थिर बनाया
आधुनिक ब्राह्मण केवल पुरोहित हैं	वे आज हर क्षेत्र में कार्य कर रहे हैं
ब्राह्मण होना केवल जन्म है	अनेक विचारकों के अनुसार यह एक आदर्श और गुण भी है

निष्कर्ष

औपनिवेशिक और आधुनिक काल ने ब्राह्मण समाज को गहराई से बदल दिया। आधुनिक शिक्षा, सुधार आन्दोलन, राजनीति और सामाजिक न्याय की बहसों ने उनकी पारम्परिक भूमिका को चुनौती दी।

किन्तु इसी प्रक्रिया में ब्राह्मण समाज ने भी स्वयं को बदला। आज ब्राह्मण केवल पुरोहित या जाति नहीं, बल्कि एक ऐतिहासिक, सांस्कृतिक और बौद्धिक परम्परा का नाम है, जिसकी व्याख्या समय के साथ बदलती रही है।

अध्याय 10 उत्तर भारतीय ब्राह्मण शाखाएँ: उत्पत्ति, गोत्र, उपनाम और क्षेत्रीय विविधता

(North Indian Brahmin Branches: Origin, Gotra, Surnames and Regional Diversity)

भारत में ब्राह्मण समुदाय कभी एकरूप नहीं रहा। यद्यपि सभी ब्राह्मण वेद, संस्कार, गोत्र और ऋषि परम्परा से जुड़े माने जाते हैं, फिर भी विभिन्न क्षेत्रों में उनकी शाखाएँ, उपनाम, गोत्र, रीति-रिवाज, भाषा और सामाजिक भूमिका भिन्न रही है। उत्तर भारत में विशेष रूप से कान्यकुब्ज, सरयूपारीण, मैथिल, गौड़, सनाढ्य, त्यागी, भूमिहार और सारस्वत ब्राह्मण प्रमुख शाखाओं के रूप में विकसित हुए।

इन शाखाओं की उत्पत्ति केवल धार्मिक कारणों से नहीं, बल्कि भूगोल, राज्य, प्रव्रजन (migration), राजाश्रय और स्थानीय समाज के प्रभाव से हुई।

10.1 पंचगौड़ और पंचद्रविड़ की अवधारणा

मध्यकालीन परम्परा में भारतीय ब्राह्मणों को दो बड़े वर्गों में बाँटा गया:

1. पंचगौड़ – उत्तर भारत के ब्राह्मण
2. पंचद्रविड़ – दक्षिण भारत के ब्राह्मण

पंचगौड़ में सामान्यतः निम्न पाँच शाखाएँ मानी गयीं:

- सारस्वत
- कान्यकुब्ज
- गौड़
- मैथिल
- उत्कल

जबकि पंचद्रविड़ में:

- महाराष्ट्र
- आन्ध्र
- कर्नाटक
- तमिल
- गुजरात

की शाखाएँ सम्मिलित की गयीं।

उत्तर भारतीय ब्राह्मणों की अधिकांश शाखाएँ पंचगौड़ परम्परा से सम्बन्ध रखती हैं।

10.2 कान्यकुब्ज ब्राह्मण

कान्यकुब्ज ब्राह्मण उत्तर भारत की सबसे प्रसिद्ध शाखाओं में से एक हैं। इनका मूल केन्द्र प्राचीन 'कान्यकुब्ज' अर्थात् वर्तमान कन्नौज माना जाता है। कन्नौज प्राचीन और मध्यकालीन भारत का एक प्रमुख धार्मिक और राजनीतिक केन्द्र था।

ऐतिहासिक उत्पत्ति

- गुप्तकाल और हर्षवर्धन के समय कन्नौज अत्यन्त महत्त्वपूर्ण नगर था।
- अनेक विद्वान, पुरोहित और आचार्य यहाँ बस गये।
- बाद में ये लोग उत्तर प्रदेश, मध्य प्रदेश, राजस्थान और बिहार के अनेक भागों में फैल गये।

प्रमुख उपशाखाएँ

- मिश्र
- शुक्ल
- तिवारी
- द्विवेदी
- त्रिवेदी
- चतुर्वेदी
- दीक्षित
- पाण्डेय
- अवस्थी
- बाजपेयी

सामान्य गोत्र

- भारद्वाज
- कश्यप
- गौतम
- वशिष्ठ
- शाण्डिल्य
- उपमन्यु

विशेषताएँ

- वेदाध्ययन और कर्मकाण्ड में प्रवीण
- संस्कृत और हिन्दी साहित्य में बड़ा योगदान
- उत्तर प्रदेश, मध्य प्रदेश और राजस्थान में अधिक संख्या

10.3 सरयूपारीण ब्राह्मण

सरयूपारीण ब्राह्मणों का नाम 'सरयू नदी के पार' बसे होने के कारण पड़ा। ये मुख्यतः पूर्वी उत्तर प्रदेश और पश्चिमी बिहार में पाए जाते हैं।

भौगोलिक क्षेत्र

- अयोध्या
- बस्ती

- गोरखपुर
- आज़मगढ़
- देवरिया
- बलिया
- बिहार के कुछ भाग

सामान्य उपनाम

- पाण्डेय
- तिवारी
- मिश्र
- शुक्ल
- पाठक
- उपाध्याय

प्रमुख गोत्र

- जमदग्नि
- भारद्वाज
- गौतम
- कश्यप
- वशिष्ठ

विशेषताएँ

- वैदिक कर्मकाण्ड और पुरोहिताई में प्रसिद्ध
- अनेक सरयूपारीण परिवारों ने शिक्षा, प्रशासन और राजनीति में भी योगदान दिया
- लोकभाषा, विशेषतः अवधी और भोजपुरी से गहरा सम्बन्ध

10.4 मैथिल ब्राह्मण

मैथिल ब्राह्मण बिहार के मिथिला क्षेत्र से सम्बन्ध रखते हैं। यह क्षेत्र प्राचीन विदेह राज्य का भाग था, जहाँ राजा जनक और याज्ञवल्क्य जैसे महान व्यक्तित्व हुए।

ऐतिहासिक महत्व

- मिथिला प्राचीन काल से न्याय, मीमांसा और तर्कशास्त्र का केन्द्र रहा।
- मिथिला के पंडित सम्पूर्ण भारत में प्रसिद्ध थे।
- यहाँ विवाह, गोत्र और वंश की विस्तृत 'पंजी' परम्परा विकसित हुई।

प्रमुख उपनाम

- झा
- मिश्र
- ठाकुर

- चौधरी
- पाठक
- ओझा

सामान्य गोत्र

- कश्यप
- भारद्वाज
- शाण्डिल्य
- गौतम
- वत्स

मैथिलों की विशेषता: पंजी प्रथा

मैथिल ब्राह्मणों में विवाह से पहले 'पंजी' देखी जाती थी। यह एक प्रकार की वंशावली-पुस्तक थी जिसमें परिवारों के गोत्र, वंश, विवाह सम्बन्ध और पूर्वजों का विवरण रहता था।

यह भारत की सबसे व्यवस्थित वंशावली प्रणालियों में से एक मानी जाती है।

10.5 गौड़ ब्राह्मण

गौड़ ब्राह्मण मुख्यतः उत्तर भारत के पश्चिमी भागों में पाए जाते हैं। इनका सम्बन्ध प्राचीन 'गौड़ देश' से माना जाता है।

क्षेत्र

- पश्चिमी उत्तर प्रदेश
- हरियाणा
- दिल्ली
- राजस्थान

प्रमुख उपनाम

- शर्मा
- गौड़
- उपाध्याय
- जोशी
- तिवारी

सामान्य गोत्र

- भारद्वाज
- गौतम
- कश्यप
- कौशिक

गौड़ ब्राह्मणों का सम्बन्ध कई बार कृषि, प्रशासन और कर्मकाण्ड—तीनों से रहा है।

10.6 सनाढ्य ब्राह्मण

सनाढ्य ब्राह्मण मुख्यतः उत्तर प्रदेश और राजस्थान के कुछ भागों में पाए जाते हैं। इनके विषय में परम्परा है कि ये प्राचीन 'सनाढ्य देश' से आये।

प्रमुख क्षेत्र

- आगरा
- मथुरा
- फिरोजाबाद
- भरतपुर
- धौलपुर

प्रमुख उपनाम

- शर्मा
- दीक्षित
- पाठक
- चतुर्वेदी
- उपाध्याय

विशेषताएँ

- धार्मिक कर्मकाण्ड और संस्कृत अध्ययन में दक्ष

- ब्रज संस्कृति से गहरा सम्बन्ध

10.7 त्यागी ब्राह्मण

त्यागी ब्राह्मण उत्तर प्रदेश, हरियाणा और पश्चिमी उत्तर प्रदेश में पाए जाते हैं। इन्हें पहले 'तगा' भी कहा जाता था।

विशेषता यह है कि अन्य ब्राह्मणों की तुलना में ये कृषि कार्य में अधिक जुड़े रहे।

क्षेत्र

- मेरठ
- मुज़फ्फरनगर
- सहारनपुर
- हरिद्वार
- गाज़ियाबाद

सामान्य गोत्र

- भारद्वाज
- कश्यप
- गौतम
- कौशिक

विशेषता

- कृषक-ब्राह्मण परम्परा
- सामाजिक और राजनीतिक प्रभाव

10.8 भूमिहार ब्राह्मण

भूमिहार ब्राह्मण मुख्यतः बिहार, पूर्वी उत्तर प्रदेश और झारखण्ड में पाए जाते हैं। इनके विषय में परम्परा है कि ये वे ब्राह्मण थे जिन्होंने भूमि और कृषि को अपना मुख्य व्यवसाय बना लिया।

प्रमुख क्षेत्र

- बिहार
- पूर्वी उत्तर प्रदेश
- झारखण्ड

प्रमुख उपनाम

- मिश्र
- पाण्डेय
- राय
- सिंह
- शर्मा

सामान्य गोत्र

- कश्यप
- भारद्वाज
- गौतम
- शाण्डिल्य

भूमिहारों की स्थिति को लेकर इतिहास में विवाद रहा है। कुछ विद्वान उन्हें ब्राह्मण मानते हैं, जबकि कुछ उन्हें पृथक कृषक-समुदाय मानते हैं।

10.9 सारस्वत ब्राह्मण

सारस्वत ब्राह्मणों का सम्बन्ध प्राचीन सरस्वती नदी के क्षेत्र से माना जाता है। ये पंजाब, हिमाचल, हरियाणा, कश्मीर और पश्चिमी भारत में पाए जाते हैं।

प्रमुख शाखाएँ

- कश्मीरी पण्डित
- पंजाबी सारस्वत
- गौड़ सारस्वत

प्रमुख उपनाम

- कौल
- भट्ट

- धर
- पण्डित
- शर्मा

सामान्य गोत्र

- भारद्वाज
- कश्यप
- दत्तात्रेय
- कौशिक

विशेषता

- संस्कृत, दर्शन और प्रशासन में योगदान
- कश्मीरी पण्डितों ने भारतीय संस्कृति और राजनीति में महत्त्वपूर्ण भूमिका निभायी

10.10 उपनाम और उनका अर्थ

उत्तर भारतीय ब्राह्मणों में अनेक उपनाम उनके कार्य, विद्वत्ता या धार्मिक पद से जुड़े हैं।

उपनाम	मूल अर्थ
द्विवेदी	दो वेदों का ज्ञाता
त्रिवेदी	तीन वेदों का ज्ञाता
चतुर्वेदी	चार वेदों का ज्ञाता
पाठक	पाठ कराने वाला

उपनाम	मूल अर्थ
उपाध्याय	शिक्षक
दीक्षित	दीक्षा प्राप्त व्यक्ति
बाजपेयी	वाजपेय यज्ञ करने वाला
ओझा	विद्वान या तांत्रिक-पुरोहित

किन्तु समय के साथ ये उपनाम वंशानुगत हो गये। आज प्रत्येक द्विवेदी वास्तव में दो वेदों का ज्ञाता हो, यह आवश्यक नहीं।

10.11 प्रमुख शाखाओं का तुलनात्मक सार

शाखा	मुख्य क्षेत्र	सामान्य उपनाम	प्रमुख गोत्र
कान्यकुब्ज	कन्नौज, उत्तर प्रदेश	मिश्र, शुक्ल, तिवारी	भारद्वाज, कश्यप
सरयूपारीण	पूर्वी उत्तर प्रदेश	पाण्डेय, तिवारी, मिश्र	जमदग्नि, भारद्वाज
मैथिल	मिथिला, बिहार	झा, मिश्र, ठाकुर	कश्यप, शाण्डिल्य
गौड़	पश्चिमी उत्तर प्रदेश	शर्मा, जोशी	गौतम, कौशिक
सनाढ्य	ब्रज क्षेत्र	दीक्षित, पाठक	भारद्वाज, गौतम
त्यागी	पश्चिमी उत्तर प्रदेश	शर्मा, त्यागी	कौशिक, कश्यप
भूमिहार	बिहार	राय, सिंह, मिश्र	भारद्वाज, गौतम
सारस्वत	पंजाब, कश्मीर	कौल, भट्ट	भारद्वाज, कश्यप

मिथक बनाम तथ्य

मिथक	तथ्य
सभी ब्राह्मण एक जैसे होते हैं	विभिन्न शाखाओं में भाषा, रीति, गोत्र और इतिहास अलग हैं
उपनाम से गोत्र पता चल जाता है	एक ही उपनाम के भीतर अनेक गोत्र हो सकते हैं

मिथक	तथ्य
सभी शर्मा कान्यकुब्ज होते हैं	शर्मा उपनाम अनेक शाखाओं में मिलता है
भूमिहार और त्यागी ब्राह्मण नहीं हैं	अनेक ऐतिहासिक स्रोत उन्हें ब्राह्मण परम्परा से जोड़ते हैं, यद्यपि मतभेद भी हैं
मैथिल केवल बिहार में मिलते हैं	मिथिला से बाहर भी अनेक मैथिल परिवार बसे हैं

निष्कर्ष

उत्तर भारतीय ब्राह्मण शाखाएँ भारतीय समाज की ऐतिहासिक, भौगोलिक और सांस्कृतिक विविधता को दर्शाती हैं। यद्यपि सभी शाखाएँ वेद, गोत्र और संस्कारों से जुड़ी हैं, फिर भी उनकी भाषाएँ, उपनाम, रीति-रिवाज और सामाजिक भूमिकाएँ अलग-अलग रही हैं।

इन शाखाओं को समझने से यह स्पष्ट होता है कि ब्राह्मण समुदाय कोई एकरूप समूह नहीं, बल्कि अनेक ऐतिहासिक परम्पराओं का व्यापक और बहुरंगी समूह है।

अध्याय 11 दक्षिण भारतीय और पंचद्रविड़ ब्राह्मण: शाखाएँ, गोत्र और परम्पराएँ

(South Indian and Pancha-Dravida Brahmins: Branches, Gotras and Traditions)

उत्तर भारत की भाँति दक्षिण भारत के ब्राह्मण भी एकरूप नहीं रहे। दक्षिण भारत में विभिन्न राज्यों, भाषाओं, धार्मिक सम्प्रदायों और ऐतिहासिक परिस्थितियों के कारण अनेक शाखाएँ विकसित हुईं। इन शाखाओं में भाषा, उपनाम, गोत्र, भोजन, विवाह, पूजा-पद्धति और दार्शनिक परम्पराओं में पर्याप्त भिन्नता पायी जाती है।

मध्यकालीन परम्परा में दक्षिण भारतीय ब्राह्मणों को 'पंचद्रविड़' कहा गया। पंचद्रविड़ में मुख्यतः महाराष्ट्र, गुजरात, आन्ध्र, कर्नाटक और तमिल क्षेत्र के ब्राह्मण सम्मिलित माने गये।

11.1 पंचद्रविड़ की अवधारणा

पंचद्रविड़ शब्द का प्रयोग उन ब्राह्मणों के लिए किया गया जो विन्ध्य पर्वत के दक्षिण में रहते थे। सामान्यतः इनमें निम्न पाँच क्षेत्र सम्मिलित थे:

1. महाराष्ट्र
2. गुजरात
3. आन्ध्र

4. कर्नाटक

5. तमिल प्रदेश

समय के साथ केरल, कोंकण और तटीय क्षेत्रों की शाखाएँ भी इन्हीं में सम्मिलित मानी जाने लगीं।

11.2 तमिल ब्राह्मण: अय्यर और अयंगार

तमिलनाडु में ब्राह्मणों की दो प्रमुख शाखाएँ हैं:

1. अय्यर

2. अयंगार

अय्यर

अय्यर मुख्यतः शैव और स्मार्त परम्परा से जुड़े हैं। वे आदि शंकराचार्य के अद्वैत वेदान्त को मानते हैं।

प्रमुख विशेषताएँ

- शैव और वैदिक पूजा दोनों का पालन
- संस्कृत और तमिल दोनों का प्रयोग
- यज्ञोपवीत, वेदपाठ और स्मार्त संस्कारों पर बल

सामान्य उपनाम

- अय्यर
- शास्त्री

- दीक्षितर
- गणपति

प्रमुख गोत्र

- भारद्वाज
- कश्यप
- वशिष्ठ
- गौतम

अयंगार

अयंगार मुख्यतः वैष्णव परम्परा से जुड़े हैं और रामानुजाचार्य के विशिष्टाद्वैत दर्शन को मानते हैं।

अयंगार की दो उपशाखाएँ

- वडकलै
- तेंकलै

दोनों में विष्णु-भक्ति समान है, किन्तु दर्शन और पूजा-पद्धति में कुछ अन्तर है।

सामान्य उपनाम

- अयंगार
- रामानुजम
- नारायणन

- वेङ्कटरमण

प्रमुख गोत्र

- कौशिक
- भारद्वाज
- कश्यप

11.3 केरल के नम्बूदरी ब्राह्मण

नम्बूदरी ब्राह्मण केरल की सबसे प्राचीन और प्रतिष्ठित ब्राह्मण शाखा माने जाते हैं।

परम्परा के अनुसार वे उत्तर भारत से केरल आये और वहाँ बस गये। उन्होंने केरल में वैदिक परम्परा, मंदिर-पूजा और संस्कृत शिक्षा को संरक्षित किया।

विशेषताएँ

- वैदिक कर्मकाण्ड में अत्यन्त दक्ष
- ऋग्वेद और यजुर्वेद की परम्परा
- केरल के बड़े मंदिरों में प्रधान भूमिका

सामाजिक विशेषता

नम्बूदरी समाज में पहले केवल बड़े पुत्र को विवाह की अनुमति थी। अन्य पुत्र प्रायः संन्यास या वैदिक अध्ययन में रहते थे।

सामान्य उपनाम

- नम्बूदिरि
- सोमयाजी
- भट्टतिरि

प्रमुख गोत्र

- भारद्वाज
- कश्यप
- अत्रि

11.4 आन्ध्र और तेलुगु ब्राह्मण

आन्ध्र प्रदेश और तेलंगाना में अनेक ब्राह्मण शाखाएँ पायी जाती हैं।

प्रमुख शाखाएँ

1. वैदिकी
2. नियोगी
3. वेलनाडु
4. आराध्य

वैदिकी ब्राह्मण

ये मुख्यतः वैदिक कर्मकाण्ड और पुरोहिताई से जुड़े रहे।

नियोगी ब्राह्मण

नियोगी ब्राह्मण केवल पुरोहित नहीं थे। वे प्रशासन, सेना, लेखन और राज्य-कार्य में भी सक्रिय थे।

सामान्य उपनाम

- शर्मा
- शास्त्री
- राव
- सोनयाजुलु
- चारी

प्रमुख गोत्र

- भारद्वाज
- हरित
- कश्यप
- गौतम

11.5 कन्नड़ ब्राह्मण

कर्नाटक में ब्राह्मणों की अनेक शाखाएँ हैं।

प्रमुख शाखाएँ

- स्मार्त

- माध्व
- श्रीवैष्णव
- हविक

स्मार्त ब्राह्मण

ये शंकराचार्य के अद्वैत वेदान्त को मानते हैं।

माध्व ब्राह्मण

ये माध्वाचार्य के द्वैत दर्शन को मानते हैं।

हविक ब्राह्मण

हविक मुख्यतः कर्नाटक के तटीय और मलनाड क्षेत्रों में पाए जाते हैं।

सामान्य उपनाम

- भट्ट
- उपाध्याय
- जोइस
- हेगड़े

प्रमुख गोत्र

- कश्यप
- भारद्वाज

- कौशिक

11.6 महाराष्ट्र के ब्राह्मण

महाराष्ट्र में अनेक प्रसिद्ध ब्राह्मण शाखाएँ हैं।

प्रमुख शाखाएँ

1. देशस्थ
2. चितपावन
3. करहाड़े
4. सारस्वत

देशस्थ ब्राह्मण

देशस्थ महाराष्ट्र की सबसे पुरानी शाखाओं में से हैं।

विशेषताएँ

- वैदिक परम्परा
- मराठी और संस्कृत दोनों में दक्षता

प्रमुख उपनाम

- कुलकर्णी
- जोशी
- शास्त्री

- देशपांडे

चितपावन ब्राह्मण

चितपावन मुख्यतः कोंकण क्षेत्र में पाए जाते हैं।

ये मराठा साम्राज्य और पेशवा शासन में अत्यन्त प्रभावशाली थे।

प्रमुख व्यक्तित्व

- बाल गंगाधर तिलक
- गोपाल कृष्ण गोखले
- विनायक सावरकर

प्रमुख उपनाम

- जोशी
- आप्टे
- आगाशे
- गोखले

करहाड़े ब्राह्मण

ये दक्षिण महाराष्ट्र और कर्नाटक सीमा में पाए जाते हैं।

11.7 गुजराती ब्राह्मण

गुजरात में भी अनेक ब्राह्मण शाखाएँ हैं।

प्रमुख शाखाएँ

- नागर
- औदिच्य
- मोढ

नागर ब्राह्मण

नागर ब्राह्मण गुजरात के सबसे प्रतिष्ठित और शिक्षित समुदायों में माने जाते हैं।

प्रमुख उपनाम

- त्रिवेदी
- शुक्ल
- पाठक
- पंड्या

औदिच्य ब्राह्मण

इनका नाम 'उदीच्य' अर्थात् उत्तर दिशा से आने वाले लोगों के कारण पड़ा।

11.8 दक्षिण भारतीय ब्राह्मणों की भोजन और जीवन शैली

दक्षिण भारतीय ब्राह्मणों की जीवन शैली उत्तर भारत से कुछ भिन्न रही है।

सामान्य विशेषताएँ

- अधिकांशतः शाकाहार
- चावल-आधारित भोजन
- मंदिर और मठ से गहरा सम्बन्ध
- संस्कृत के साथ क्षेत्रीय भाषा का प्रयोग

कुछ प्रसिद्ध व्यंजन

- इडली
- डोसा
- सांभर
- पोंगल

किन्तु यह ध्यान रखना चाहिए कि सभी दक्षिण भारतीय ब्राह्मणों की भोजन-परम्परा समान नहीं है। कुछ समुदायों में प्याज-लहसुन भी वर्जित है, जबकि कुछ में नहीं।

11.9 गोत्र और वेद-शाखाएँ

दक्षिण भारतीय ब्राह्मणों में गोत्र के साथ-साथ वेद-शाखा का भी विशेष महत्व है।

उदाहरण:

- कृष्ण यजुर्वेद
- शुक्ल यजुर्वेद
- सामवेद
- ऋग्वेद

कई परिवार आज भी अपने को 'तैत्तिरीय शाखा', 'माध्यन्दिन शाखा' या 'आपस्तम्ब सूत्र' से जोड़ते हैं।

11.10 उत्तर और दक्षिण भारतीय ब्राह्मणों की तुलना

आधार	उत्तर भारतीय ब्राह्मण	दक्षिण भारतीय ब्राह्मण
भाषा	हिन्दी, भोजपुरी, मैथिली, पंजाबी	तमिल, तेलुगु, कन्नड़, मलयालम
प्रमुख शाखाएँ	कान्यकुब्ज, मैथिल, गौड़	अय्यर, अयंगार, नम्बूदरी
दार्शनिक प्रभाव	स्मार्त, वैदिक, पुराणिक	अद्वैत, विशिष्टाद्वैत, द्वैत
भोजन	गेहूँ और दाल आधारित	चावल आधारित
सामाजिक जीवन	गाँव और पुरोहिताई पर अधिक बल	मंदिर और मठ पर अधिक बल

मिथक बनाम तथ्य

मिथक	तथ्य
सभी दक्षिण भारतीय ब्राह्मण एक जैसे होते हैं	अय्यर, अयंगार, नम्बूदरी, देशस्थ आदि में बड़ा अन्तर है
अय्यर और अयंगार केवल उपनाम हैं	वे अलग धार्मिक और दार्शनिक परम्पराओं का प्रतिनिधित्व करते हैं
दक्षिण भारतीय ब्राह्मण केवल संस्कृत जानते थे	उन्होंने तमिल, तेलुगु, कन्नड़ और मलयालम साहित्य में भी योगदान दिया
सभी दक्षिण भारतीय ब्राह्मण शंकराचार्य को मानते हैं	कई समुदाय रामानुज, माध्व और अन्य आचार्यों को मानते हैं
दक्षिण भारत में गोत्र का महत्व कम है	वहाँ गोत्र और वेद-शाखा दोनों का विशेष महत्व है

निष्कर्ष

दक्षिण भारतीय और पंचद्रविड़ ब्राह्मण भारतीय संस्कृति की अत्यन्त समृद्ध और विविध परम्परा का प्रतिनिधित्व करते हैं। इनमें भाषा, दर्शन, भोजन, पूजा और सामाजिक जीवन में पर्याप्त अन्तर है, किन्तु सभी शाखाओं को जोड़ने वाली कड़ी है—वेद, गोत्र, संस्कार और ज्ञान की परम्परा।

इन शाखाओं को समझने से यह स्पष्ट होता है कि ब्राह्मण समुदाय किसी एकरूप और स्थिर समूह का नाम नहीं, बल्कि अनेक क्षेत्रीय और ऐतिहासिक परम्पराओं का विशाल परिवार है।

अध्याय 12 उपनाम, गोत्र, प्रवर और शाखाएँ: एक संदर्भ कोश

(Surnames, Gotras, Pravaras and Branches: A Reference Compendium)

भारतीय ब्राह्मण समाज में उपनाम, गोत्र, प्रवर, शाखा और क्षेत्रीय पहचान का अत्यन्त महत्त्व है। बहुत से लोग अपना उपनाम तो जानते हैं, किन्तु अपने गोत्र, प्रवर, वेद-शाखा या मूल क्षेत्र के बारे में स्पष्ट जानकारी नहीं रखते।

यह अध्याय एक संदर्भ कोश (reference compendium) के रूप में प्रस्तुत किया गया है। इसका उद्देश्य यह दिखाना है कि किसी व्यक्ति का उपनाम देखकर उसका गोत्र निश्चित नहीं किया जा सकता, क्योंकि एक ही उपनाम अनेक क्षेत्रों, शाखाओं और गोत्रों में पाया जाता है।

उदाहरण के लिए 'शर्मा' उपनाम भारत के लगभग सभी ब्राह्मण समुदायों में मिलता है, किन्तु शर्मा उपनाम वाले लोग भारद्वाज, कश्यप, गौतम, वशिष्ठ, शाण्डिल्य या किसी अन्य गोत्र के हो सकते हैं।

अतः यह अध्याय केवल सामान्य प्रवृत्तियाँ बताता है; किसी व्यक्ति का वास्तविक गोत्र केवल पारिवारिक परम्परा या वंशावली से ही निश्चित किया जा सकता है।

12.1 उपनाम और गोत्र का सम्बन्ध क्यों जटिल है?

प्राचीन काल में उपनाम स्थायी नहीं थे। लोग कई बार:

- अपने गाँव के नाम से
- अपने पेशे से
- किसी उपाधि से
- किसी यज्ञ या विद्या के आधार पर

पहचाने जाते थे।

उदाहरण:

- 'द्विवेदी' – दो वेदों का ज्ञाता
- 'त्रिवेदी' – तीन वेदों का ज्ञाता
- 'चतुर्वेदी' – चार वेदों का ज्ञाता
- 'उपाध्याय' – शिक्षक
- 'दीक्षित' – जिसने दीक्षा ली हो

समय के साथ ये उपाधियाँ स्थायी उपनाम बन गयीं।

12.2 प्रमुख उपनाम और सामान्य गोत्र

उपनाम	सामान्य शाखाएँ	प्रचलित गोत्र
शर्मा	लगभग सभी	भारद्वाज, कश्यप, गौतम, वशिष्ठ
मिश्र	कान्यकुब्ज, मैथिल, सरयूपारीण	भारद्वाज, कश्यप, शाण्डिल्य
शुक्ल	कान्यकुब्ज, सरयूपारीण	कश्यप, गौतम, भारद्वाज
तिवारी	कान्यकुब्ज, सरयूपारीण	भारद्वाज, गौतम
द्विवेदी	कान्यकुब्ज	कश्यप, वशिष्ठ
त्रिवेदी	उत्तर भारत, गुजरात	भारद्वाज, कौशिक
चतुर्वेदी	उत्तर भारत	भारद्वाज, कश्यप
पाण्डेय	सरयूपारीण, भूमिहार	जमदग्नि, कश्यप
पाठक	सरयूपारीण, गौड़	गौतम, कश्यप
उपाध्याय	उत्तर भारत	भारद्वाज, वशिष्ठ
झा	मैथिल	कश्यप, शाण्डिल्य
ओझा	बिहार, राजस्थान	गौतम, भारद्वाज
जोशी	महाराष्ट्र, गुजरात, उत्तर भारत	कश्यप, भारद्वाज
कुलकर्णी	महाराष्ट्र	कश्यप, वशिष्ठ
देशपांडे	महाराष्ट्र	भारद्वाज, गौतम
कौल	कश्मीरी पण्डित	कश्यप, भारद्वाज
भट्ट	कश्मीर, गुजरात, दक्षिण भारत	भारद्वाज, अत्रि
अय्यर	तमिल	कश्यप, वशिष्ठ
अयंगार	तमिल वैष्णव	भारद्वाज, कौशिक
नम्बूदिरि	केरल	भारद्वाज, अत्रि

12.3 प्रमुख गोत्र और उनके प्रवर

गोत्र	सामान्य प्रवर
भारद्वाज	आंगिरस, भारद्वाज, बृहस्पत्य
कश्यप	कश्यप, अवत्सार, नैध्रुव
गौतम	आंगिरस, आयास्य, गौतम
वशिष्ठ	वशिष्ठ, शक्ति, पाराशर
शाण्डिल्य	शाण्डिल्य, असित, देवल
जमदग्नि	भृगु, च्यवन, आप्नवान, और्व, जमदग्नि
कौशिक	विश्वामित्र, देवरात, औदालक
अत्रि	आत्रेय, आर्चनानस, श्यावाश्व
पराशर	वशिष्ठ, शक्ति, पाराशर
हरित	आंगिरस, अम्बरीष, हरित

12.4 क्षेत्रानुसार प्रमुख उपनाम

उत्तर प्रदेश

- मिश्र
- तिवारी
- शुक्ल
- द्विवेदी
- पाण्डेय

बिहार और मिथिला

- झा

- मिश्र
- ठाकुर
- ओझा

राजस्थान

- शर्मा
- उपाध्याय
- जोशी
- व्यास

पंजाब और कश्मीर

- कौल
- भट्ट
- धर
- पण्डित

महाराष्ट्र

- जोशी
- कुलकर्णी
- देशपांडे
- आप्टे

दक्षिण भारत

- अय्यर
- अयंगार
- शास्त्री
- सोमयाजी

12.5 वेद-शाखा और सूत्र परम्परा

कई ब्राह्मण परिवार केवल गोत्र ही नहीं, बल्कि अपनी वेद-शाखा और गृह्यसूत्र भी जानते हैं।

उदाहरण

वेद	**प्रमुख शाखाएँ**
ऋग्वेद	शाकल
यजुर्वेद	माध्यन्दिन, काण्व, तैत्तिरीय
सामवेद	कौथुम, जैमिनीय
अथर्ववेद	शौनक, पैप्पलाद

प्रमुख गृह्यसूत्र

- आपस्तम्ब
- बौधायन
- आश्वलायन
- पारस्कर

उदाहरण के लिए कोई व्यक्ति अपना परिचय इस प्रकार दे सकता है:

“भारद्वाज गोत्र, आंगिरस-भारद्वाज-बृहस्पत्य प्रवर, तैत्तिरीय शाखा, आपस्तम्ब सूत्र।”

12.6 विवाह में गोत्र और प्रवर का उपयोग

विवाह के समय पारम्परिक रूप से यह देखा जाता था कि:

- गोत्र समान न हो
- प्रवर समान न हो
- कभी-कभी मातृपक्ष और ननिहाल भी भिन्न हों

विशेषतः मैथिल और दक्षिण भारतीय परिवारों में आज भी विवाह से पहले गोत्र, प्रवर और वंशावली की जाँच की जाती है।

12.7 क्या उपनाम बदलने से गोत्र बदल जाता है?

नहीं।

उपनाम सामाजिक और कानूनी पहचान है, जबकि गोत्र पितृवंशीय परम्परा है। यदि कोई व्यक्ति अपना उपनाम बदल ले, तो भी उसका गोत्र वही रहता है जो उसके परिवार का मूल गोत्र है।

उदाहरण:

- कोई व्यक्ति शर्मा से वर्मा उपनाम अपना ले, तो उसका गोत्र नहीं बदलेगा।

12.8 क्या सभी शर्मा या मिश्र एक ही गोत्र के होते हैं?

नहीं।

यह सबसे सामान्य भ्रम है।

उदाहरण:

- एक शर्मा भारद्वाज गोत्र का हो सकता है
- दूसरा शर्मा कश्यप गोत्र का
- तीसरा शर्मा गौतम गोत्र का

इसी प्रकार:

- सभी मिश्र एक ही शाखा या गोत्र के नहीं होते
- सभी झा मैथिल होते हैं, किन्तु उनके गोत्र अलग-अलग हो सकते हैं

12.9 प्रमुख शाखाओं और उपनामों का विस्तृत सार

शाखा	सामान्य उपनाम	सामान्य गोत्र
कान्यकुब्ज	मिश्र, शुक्ल, तिवारी, द्विवेदी	भारद्वाज, कश्यप
सरयूपारीण	पाण्डेय, पाठक, मिश्र	जमदग्नि, गौतम

शाखा	सामान्य उपनाम	सामान्य गोत्र
मैथिल	झा, मिश्र, ठाकुर	कश्यप, शाण्डिल्य
सारस्वत	कौल, भट्ट, धर	भारद्वाज, कश्यप
देशस्थ	कुलकर्णी, जोशी	कश्यप, वशिष्ठ
चितपावन	आप्टे, गोखले	भारद्वाज, कश्यप
अय्यर	अय्यर, दीक्षितर	वशिष्ठ, गौतम
अयंगार	अयंगार, रामानुजम	कौशिक, भारद्वाज
नम्बूदरी	सोमयाजी, भट्टतिरि	अत्रि, भारद्वाज

उपनाम–गोत्र–क्षेत्र तालिका

उपनाम	सामान्य गोत्र	प्रमुख क्षेत्र / समुदाय
शर्मा	भारद्वाज, कश्यप, गौतम, वशिष्ठ, अत्रि	उत्तर भारत, विशेषतः उत्तर प्रदेश, राजस्थान, हरियाणा
मिश्र	भारद्वाज, कश्यप, शाण्डिल्य, गौतम	उत्तर प्रदेश, बिहार, मिथिला
तिवारी	शाण्डिल्य, भारद्वाज, गौतम	पूर्वी उत्तर प्रदेश, बिहार
द्विवेदी	भारद्वाज, शाण्डिल्य, कश्यप	उत्तर प्रदेश, मध्य प्रदेश
त्रिवेदी	कश्यप, भारद्वाज, गौतम	गुजरात, उत्तर प्रदेश
चतुर्वेदी	भारद्वाज, कश्यप, वशिष्ठ	उत्तर प्रदेश, राजस्थान

उपनाम	सामान्य गोत्र	प्रमुख क्षेत्र / समुदाय
उपाध्याय	कश्यप, भारद्वाज, गौतम	उत्तर प्रदेश, बिहार, नेपाल
पाण्डेय	भारद्वाज, शाण्डिल्य, कश्यप	उत्तर प्रदेश, बिहार
पाठक	भारद्वाज, गौतम, कश्यप	उत्तर प्रदेश, बिहार
शुक्ल	गौतम, भारद्वाज, कश्यप	उत्तर प्रदेश, अवध
दीक्षित	वशिष्ठ, भारद्वाज, कश्यप	उत्तर प्रदेश, मध्य प्रदेश
अवस्थी	कश्यप, गौतम	अवध, कान्यकुब्ज ब्राह्मण
बाजपेयी	भारद्वाज, शाण्डिल्य	कान्यकुब्ज, उत्तर प्रदेश
जोशी	कश्यप, भारद्वाज, वशिष्ठ	उत्तराखंड, हिमाचल, महाराष्ट्र
भट्ट	कश्यप, भारद्वाज, गौतम	कश्मीर, उत्तराखंड, गुजरात
पंत	भारद्वाज, कश्यप	कुमाऊँ, उत्तराखंड
थपलियाल	भारद्वाज	गढ़वाल, उत्तराखंड
नौटियाल	भारद्वाज, कश्यप	गढ़वाल, उत्तराखंड
डोभाल	भारद्वाज	गढ़वाल, उत्तराखंड

उपनाम	सामान्य गोत्र	प्रमुख क्षेत्र / समुदाय
उनियाल	कश्यप, भारद्वाज	गढ़वाल, उत्तराखंड
रतूड़ी	भारद्वाज	गढ़वाल, उत्तराखंड
पोखरियाल	कश्यप, भारद्वाज	गढ़वाल, उत्तराखंड
थपलियाल	भारद्वाज	गढ़वाल
झा	शाण्डिल्य, कश्यप, भारद्वाज	मिथिला, बिहार
ठाकुर	कश्यप, शाण्डिल्य	मैथिल ब्राह्मण
ओझा	भारद्वाज, कश्यप	बिहार, राजस्थान
कर	कश्यप, शाण्डिल्य	बंगाल
मुखर्जी (मुखोपाध्याय)	भारद्वाज, कश्यप	बंगाल
बनर्जी (बन्द्योपाध्याय)	शाण्डिल्य, कश्यप	बंगाल
चटर्जी (चट्टोपाध्याय)	कश्यप, भारद्वाज	बंगाल
गांगुली (गंगोपाध्याय)	कश्यप, शाण्डिल्य	बंगाल
भट्टाचार्य	भारद्वाज, कश्यप	बंगाल

उपनाम	सामान्य गोत्र	प्रमुख क्षेत्र / समुदाय
अय्यर	भारद्वाज, कश्यप, वशिष्ठ	तमिलनाडु
अयंगार	कश्यप, वशिष्ठ, हरित	तमिलनाडु
शास्त्री	कश्यप, भारद्वाज	दक्षिण भारत, महाराष्ट्र
राव	कश्यप, भारद्वाज, हरित	आन्ध्र प्रदेश, कर्नाटक
दीक्षितुलु	भारद्वाज, कश्यप	आन्ध्र प्रदेश
शास्त्रिगल	वशिष्ठ, भारद्वाज	तमिलनाडु
भट्टथिरि	भारद्वाज, कश्यप	केरल, नम्बूदरी
नम्बूदिरि	भारद्वाज, कश्यप, वशिष्ठ	केरल
हेगड़े	कश्यप, भारद्वाज	कर्नाटक
कुलकर्णी	भारद्वाज, कश्यप	महाराष्ट्र
देशपांडे	भारद्वाज, वशिष्ठ	महाराष्ट्र
जोशी	कश्यप, भारद्वाज	महाराष्ट्र, गुजरात
आप्टे	कश्यप	महाराष्ट्र
गोखले	भारद्वाज, कश्यप	महाराष्ट्र
चितले	वशिष्ठ, कश्यप	महाराष्ट्र

उपनाम	सामान्य गोत्र	प्रमुख क्षेत्र / समुदाय
करहाड़े	कश्यप, भारद्वाज	महाराष्ट्र
नागर	भारद्वाज, कश्यप	गुजरात
त्रिपाठी	भारद्वाज, शाण्डिल्य, गौतम	उत्तर प्रदेश, बिहार, मध्य प्रदेश
अग्निहोत्री	भारद्वाज, वशिष्ठ	उत्तर भारत
पुरोहित	कश्यप, भारद्वाज	राजस्थान, गुजरात
व्यास	पराशर, वशिष्ठ, भारद्वाज	गुजरात, राजस्थान, उत्तर भारत
कौल	भारद्वाज, कश्यप	कश्मीरी पण्डित
टिक्कू	भारद्वाज	कश्मीरी पण्डित
भान	कश्यप	कश्मीरी पण्डित
रैना	भारद्वाज, कश्यप	कश्मीरी पण्डित
धर	कश्यप, भारद्वाज	कश्मीरी पण्डित

12.10 शोध और वंशावली के लिए स्रोत

यदि कोई व्यक्ति अपने परिवार का वास्तविक गोत्र और वंश जानना चाहता है, तो उसे निम्न स्रोत देखने चाहिए:

1. परिवार के बड़े-बुजुर्ग
2. विवाह या उपनयन के पुराने दस्तावेज
3. पण्डों की वंशावली-पुस्तकें
4. मैथिल पंजी
5. काशी, प्रयाग, गया और हरिद्वार की वंशावली रजिस्टर

हरिद्वार, प्रयाग और गया के पण्डों के पास कई परिवारों की सैकड़ों वर्षों पुरानी वंशावली सुरक्षित है।

मिथक बनाम तथ्य

मिथक	तथ्य
उपनाम से गोत्र निश्चित हो जाता है	एक ही उपनाम के अनेक गोत्र हो सकते हैं
सभी शर्मा एक ही गोत्र के हैं	शर्मा उपनाम अनेक गोत्रों में मिलता है
गोत्र बदल सकता है	सामान्यतः गोत्र पितृवंशीय और स्थायी माना जाता है

मिथक	तथ्य
आधुनिक समय में गोत्र का कोई महत्व नहीं	विवाह, संस्कार और वंशावली में इसका महत्व अभी भी है
उपनाम और शाखा हमेशा समान होते हैं	एक ही उपनाम विभिन्न शाखाओं में पाया जा सकता है

12.10 शोध और वंशावली के लिए स्रोत

यदि कोई व्यक्ति अपने परिवार का वास्तविक गोत्र और वंश जानना चाहता है, तो उसे निम्न स्रोत देखने चाहिए:

6. परिवार के बड़े-बुजुर्ग
7. विवाह या उपनयन के पुराने दस्तावेज
8. पण्डों की वंशावली-पुस्तकें
9. मैथिल पंजी
10. काशी, प्रयाग, गया और हरिद्वार की वंशावली रजिस्टर

हरिद्वार, प्रयाग और गया के पण्डों के पास कई परिवारों की सैकड़ों वर्षों पुरानी वंशावली सुरक्षित है।

मिथक बनाम तथ्य

मिथक	तथ्य
उपनाम से गोत्र निश्चित हो जाता है	एक ही उपनाम के अनेक गोत्र हो सकते हैं
सभी शर्मा एक ही गोत्र के हैं	शर्मा उपनाम अनेक गोत्रों में मिलता है
गोत्र बदल सकता है	सामान्यतः गोत्र पितृवंशीय और स्थायी माना जाता है
आधुनिक समय में गोत्र का कोई महत्व नहीं	विवाह, संस्कार और वंशावली में इसका महत्व अभी भी है
उपनाम और शाखा हमेशा समान होते हैं	एक ही उपनाम विभिन्न शाखाओं में पाया जा सकता है

निष्कर्ष

उपनाम, गोत्र, प्रवर और शाखाएँ भारतीय समाज की ऐतिहासिक स्मृति का भाग हैं। इन्हें समझने के लिए केवल उपनाम देखना पर्याप्त नहीं है। परिवार, क्षेत्र, शाखा, वंशावली और गोत्र—इन सबका संयुक्त अध्ययन आवश्यक है।

आज जब बहुत से लोग अपने मूल परिवार और परम्परा को पुनः जानना चाहते हैं, तब यह आवश्यक है कि हम इन परम्पराओं को अन्धविश्वास के रूप में नहीं, बल्कि ऐतिहासिक और सांस्कृतिक पहचान के रूप में समझें।

अध्याय 13 धर्मग्रन्थों, साहित्य और लोककथाओं में ब्राह्मण

(Brahmins in Scriptures, Literature and Folklore)

भारतीय समाज में ब्राह्मण केवल एक सामाजिक वर्ग नहीं रहे, बल्कि वे धर्मग्रन्थों, साहित्य, कथाओं, लोकगीतों और जनस्मृति का भी महत्त्वपूर्ण भाग बने। वे कभी ऋषि और गुरु के रूप में दिखाई देते हैं, कभी पुरोहित और ज्योतिषी के रूप में, तो कभी विद्वान, तपस्वी, चतुर, हास्यपूर्ण अथवा लोभी पात्र के रूप में।

भारतीय साहित्य में ब्राह्मण की छवि एकरूप नहीं है। कहीं उसे आदर्श, ज्ञान और त्याग का प्रतीक माना गया है, तो कहीं उसकी आलोचना भी की गयी है। यही विविधता भारतीय परम्परा की विशेषता है।

इस अध्याय में हम देखेंगे कि वेद, पुराण, रामायण, महाभारत, संस्कृत साहित्य, लोककथाओं और आधुनिक साहित्य में ब्राह्मणों को किस प्रकार चित्रित किया् गया है।

13.1 वेदों और उपनिषदों में ब्राह्मण की छवि

वेदों में ब्राह्मण मुख्यतः मन्त्रद्रष्टा, यज्ञकर्ता और ज्ञान के संरक्षक के रूप में दिखाई देते हैं। ऋषि वशिष्ठ, विश्वामित्र, भारद्वाज, कश्यप और अत्रि जैसे नाम केवल व्यक्ति नहीं, बल्कि सम्पूर्ण ऋषि-परम्पराओं के प्रतीक हैं।

उपनिषदों में ब्राह्मण की छवि और भी अधिक दार्शनिक हो जाती है। वहाँ आदर्श ब्राह्मण वह है जो आत्मा और ब्रह्म का ज्ञान रखता हो।

"ब्रह्म जानाति इति ब्राह्मणः।"

अर्थात् जो ब्रह्म को जानता है, वही ब्राह्मण है।

इस प्रकार उपनिषदों में ब्राह्मण जन्म से नहीं, बल्कि ज्ञान से परिभाषित होता है।

13.2 रामायण में ब्राह्मण

रामायण में ब्राह्मणों की अनेक प्रकार की छवियाँ मिलती हैं।

आदर्श ब्राह्मण

- वशिष्ठ – कुलगुरु, ज्ञानी और धर्म के मार्गदर्शक
- विश्वामित्र – तप, शक्ति और परिवर्तन के प्रतीक
- अगस्त्य – दक्षिण भारत में धर्म और संस्कृति के प्रसारक

विरोधी या जटिल पात्र

- रावण – अत्यन्त विद्वान ब्राह्मण, किन्तु अहंकारी
- परशुराम – महान तपस्वी और योद्धा, किन्तु क्रोधी

रामायण यह सिखाती है कि केवल जन्म से ब्राह्मण होना पर्याप्त नहीं; यदि उसके भीतर अहंकार, हिंसा या अन्याय हो, तो उसका पतन निश्चित है।

13.3 महाभारत में ब्राह्मण

महाभारत में ब्राह्मणों का चित्रण अत्यन्त विविध और जटिल है।

आदर्श और सम्मानित पात्र

- वेदव्यास – ज्ञान और इतिहास के प्रतीक
- विदुर – यद्यपि जन्म से ब्राह्मण नहीं, किन्तु ब्राह्मणीय गुणों के निकट
- याज्ञवल्क्य – धर्म और दर्शन के ज्ञाता

जटिल पात्र

- द्रोणाचार्य – महान गुरु, किन्तु पक्षपात के कारण विवादास्पद
- कृपाचार्य – निष्ठावान, किन्तु सत्ता से जुड़े हुए
- अश्वत्थामा – ब्राह्मण पुत्र, किन्तु हिंसा और प्रतिशोध का प्रतीक

महाभारत का एक महत्वपूर्ण सन्देश है:

“न जात्या ब्राह्मणो भवति।”

अर्थात् ब्राह्मणत्व जन्म से नहीं, आचरण से निर्धारित होता है।

13.4 पुराणों में ब्राह्मण

पुराणों में ब्राह्मणों को धर्म, कथा और लोकजीवन के वाहक के रूप में प्रस्तुत किया गया है।

पुराणों के अनुसार:

- ब्राह्मणों ने तीर्थों और संस्कारों की परम्परा को सुरक्षित रखा
- उन्होंने वंशावलियों और इतिहास को संजोया
- अनेक कथाओं में ब्राह्मणों को दान, तप और ज्ञान का प्रतीक बताया गया

किन्तु पुराणों में ऐसे ब्राह्मणों की आलोचना भी की गयी है जो:

- लोभी हों
- दान के लिए धर्म का दुरुपयोग करें
- केवल जन्म के आधार पर अपने को श्रेष्ठ समझें

13.5 संस्कृत नाटकों और काव्य में ब्राह्मण

संस्कृत साहित्य में ब्राह्मण पात्र अनेक रूपों में दिखाई देते हैं।

कालिदास

कालिदास के नाटकों और काव्यों में ब्राह्मण सामान्यतः विद्वान, सौम्य और सम्मानित पात्र होते हैं।

उदाहरण:

- अभिज्ञानशाकुन्तलम् में कण्व ऋषि
- रघुवंश में वशिष्ठ

मृच्छकटिकम्

शूद्रक के नाटक 'मृच्छकटिकम्' में चारुदत्त एक ब्राह्मण हैं। वे अत्यन्त सज्जन और उदार हैं, किन्तु आर्थिक रूप से गरीब हैं।

यह चित्रण दिखाता है कि सभी ब्राह्मण धनी और शक्तिशाली नहीं थे।

पंचतन्त्र और हितोपदेश

इन कथाओं में कई बार ब्राह्मण पात्र हास्य, चतुराई या मूर्खता के प्रतीक के रूप में भी आते हैं।

उदाहरण:

- लालची ब्राह्मण
- भोला ब्राह्मण
- चतुर पुरोहित

इससे स्पष्ट है कि भारतीय साहित्य में ब्राह्मणों की आलोचना और व्यंग्य भी होता था।

13.6 लोककथाओं और लोकगीतों में ब्राह्मण

ग्रामीण भारत की लोककथाओं में ब्राह्मण की छवि और भी अधिक विविध है।

सामान्य छवियाँ

- गाँव का पुरोहित

- ज्योतिषी और पण्डित
- विवाह कराने वाला ब्राह्मण
- चालाक या हास्यपूर्ण पात्र

कई लोककथाओं में ब्राह्मण को गरीब, चतुर और कभी-कभी लालची भी दिखाया गया है।

उदाहरण:

- 'गरीब ब्राह्मण और राजा' की कथाएँ
- 'पण्डित और किसान' की कथाएँ
- 'तेनालीराम' और 'बीरबल' की कथाओं में पण्डित पात्र

इन कथाओं का उद्देश्य केवल मनोरंजन नहीं, बल्कि समाज की आलोचना भी था।

13.7 भक्ति साहित्य में ब्राह्मण

भक्ति आन्दोलन के समय ब्राह्मणों की छवि बदलने लगी।

कबीर, रविदास और तुकाराम जैसे सन्तों ने जन्म-आधारित श्रेष्ठता की आलोचना की।

कबीर कहते हैं:

"जाति न पूछो साधु की, पूछ लीजिए ज्ञान।"

उन्होंने यह कहा कि यदि ब्राह्मणत्व केवल जन्म से है, तो उसमें कोई विशेषता नहीं।

दूसरी ओर तुलसीदास और सूरदास जैसे ब्राह्मण कवियों ने धर्म और भक्ति को सरल भाषा में जनता तक पहुँचाया।

13.8 आधुनिक साहित्य में ब्राह्मण

आधुनिक हिन्दी, बंगला, मराठी और अन्य भाषाओं के साहित्य में ब्राह्मण पात्रों का चित्रण और भी अधिक यथार्थवादी हो गया।

प्रेमचन्द

प्रेमचन्द की कहानियों में ब्राह्मण कभी गरीब, कभी स्वार्थी, कभी आदर्शवादी दिखाई देते हैं।

उदाहरण:

- 'पण्डित मोटेराम' – हास्य और व्यंग्य का पात्र
- 'गोदान' में पण्डित दातादीन – परम्परागत पुरोहित, किन्तु सामाजिक रूप से जटिल

बंगला साहित्य

बंकिमचन्द्र और रवीन्द्रनाथ ठाकुर के साहित्य में ब्राह्मण कभी राष्ट्रवाद और आदर्शवाद के प्रतीक हैं, तो कभी रूढ़िवादिता के।

मराठी साहित्य

मराठी साहित्य में ब्राह्मणों और गैर-ब्राह्मण आन्दोलन के बीच संघर्ष का चित्रण मिलता है।

13.9 आदर्श ब्राह्मण की अवधारणा

भारतीय साहित्य में अन्ततः आदर्श ब्राह्मण वह माना गया है जो:

- सत्यवादी हो
- विद्वान हो
- लोभ और अहंकार से मुक्त हो
- समाज के लिए कार्य करे
- ज्ञान और धर्म का पालन करे

"विद्या विनयेन शोभते।"

यदि ब्राह्मण में ज्ञान तो हो, किन्तु विनम्रता न हो, तो वह आदर्श नहीं माना गया।

13.10 साहित्य में ब्राह्मण की आलोचना क्यों?

यह प्रश्न महत्त्वपूर्ण है कि भारतीय साहित्य में ब्राह्मणों की आलोचना इतनी अधिक क्यों मिलती है।

कारण यह है कि:

- समाज उनसे अधिक नैतिक अपेक्षा रखता था
- वे ज्ञान और धर्म के प्रतिनिधि माने जाते थे
- इसलिए जब वे अपने आदर्श से भटकते थे, तो उनकी आलोचना अधिक तीव्र होती थी

इसीलिए भारतीय परम्परा में ब्राह्मणों की प्रशंसा और आलोचना— दोनों साथ-साथ मिलती हैं।

मिथक बनाम तथ्य

मिथक	तथ्य
भारतीय साहित्य में ब्राह्मणों की केवल प्रशंसा की गयी है	उनकी आलोचना, व्यंग्य और हास्य भी मिलता है
सभी साहित्यिक ब्राह्मण पात्र आदर्श होते हैं	रावण, द्रोण, दातादीन जैसे जटिल पात्र भी हैं
ब्राह्मण केवल धार्मिक ग्रन्थों में मिलते हैं	वे लोककथाओं, नाटकों और आधुनिक उपन्यासों में भी हैं
साहित्य में ब्राह्मण हमेशा धनी दिखाए जाते हैं	अनेक कथाओं में वे गरीब और संघर्षशील हैं
कबीर और भक्ति कवि केवल ब्राह्मण-विरोधी थे	उन्होंने जन्म-आधारित श्रेष्ठता की आलोचना की, ज्ञान और भक्ति का सम्मान किया

निष्कर्ष

भारतीय धर्मग्रन्थों, साहित्य और लोककथाओं में ब्राह्मण की छवि अत्यन्त बहुआयामी है। वह कभी ऋषि है, कभी गुरु, कभी विद्वान, कभी हास्य का पात्र, कभी अत्याचारी और कभी आदर्श।

यह विविधता हमें यह सिखाती है कि भारतीय परम्परा में ब्राह्मणत्व को केवल जन्म से नहीं, बल्कि ज्ञान, आचरण और नैतिकता से जोड़ा गया है। जब ब्राह्मण इन आदर्शों का पालन करता है, तब वह सम्मानित होता है; और जब वह उनसे भटकता है, तब साहित्य उसकी आलोचना भी करता है।

अध्याय 14 ब्राह्मणों के विषय में प्रचलित मिथक और ऐतिहासिक तथ्य

(Common Myths and Historical Facts about Brahmins)

भारतीय समाज में ब्राह्मणों के विषय में अनेक धारणाएँ प्रचलित हैं। कुछ लोग उन्हें सदैव ज्ञान, तप और संस्कृति का प्रतीक मानते हैं, जबकि कुछ लोग उन्हें केवल सामाजिक असमानता और जाति-व्यवस्था का कारण मानते हैं। इन दोनों दृष्टियों में आंशिक सत्य है, किन्तु सम्पूर्ण सत्य नहीं।

इतिहास की जटिलता को सरल मिथकों में बदल देना आसान है। परिणामस्वरूप कई बार ऐसी धारणाएँ बन जाती हैं जो न तो पूरी तरह सही होती हैं और न ही पूरी तरह गलत।

इस अध्याय का उद्देश्य ब्राह्मणों के विषय में प्रचलित मिथकों और उनके पीछे छिपे ऐतिहासिक तथ्यों को समझना है।

14.1 मिथक: ब्राह्मण हमेशा से सबसे ऊँची जाति थे

यह धारणा बहुत सामान्य है कि ब्राह्मण हमेशा से समाज में सर्वोच्च और सर्वशक्तिशाली रहे।

ऐतिहासिक तथ्य

- वैदिक काल में ब्राह्मणों की प्रतिष्ठा थी, किन्तु राजनीतिक शक्ति क्षत्रियों के पास थी।
- अनेक कालों में ब्राह्मण अत्यन्त गरीब और निर्भर जीवन जीते थे।
- कई क्षेत्रों में वैश्य, जमींदार या राजा अधिक शक्तिशाली थे।
- सभी ब्राह्मण समान नहीं थे; कुछ विद्वान और सम्पन्न थे, जबकि अनेक साधारण ग्रामीण पुरोहित थे।

अतः यह कहना कि सभी ब्राह्मण हर समय सबसे शक्तिशाली थे, ऐतिहासिक रूप से सही नहीं है।

14.2 मिथक: सभी ब्राह्मण धनी और विशेषाधिकार प्राप्त थे

ऐतिहासिक तथ्य

भारतीय साहित्य और इतिहास में अनेक गरीब ब्राह्मणों का वर्णन मिलता है।

उदाहरण:

- सुदामा – गरीब ब्राह्मण का प्रतीक
- चारुदत्त – मृच्छकटिकम् का निर्धन ब्राह्मण
- अनेक गाँवों के पुरोहित – साधारण और सीमित आय वाले

हाँ, कुछ ब्राह्मण परिवारों को राजाओं से भूमि और दान मिले, किन्तु उससे यह निष्कर्ष नहीं निकाला जा सकता कि सभी ब्राह्मण सम्पन्न थे।

14.3 मिथक: ब्राह्मण केवल जन्म से बनता है

यह आधुनिक भारत का सबसे बड़ा विवाद है।

ऐतिहासिक तथ्य

प्राचीन ग्रन्थों में अनेक उदाहरण मिलते हैं जहाँ ब्राह्मणत्व जन्म से नहीं, बल्कि ज्ञान और कर्म से जुड़ा है।

उदाहरण:

- विश्वामित्र – क्षत्रिय होकर भी ब्रह्मर्षि बने
- सत्यकाम जाबाल – अस्पष्ट जन्म के बावजूद ऋषि बने
- वाल्मीकि – साधारण पृष्ठभूमि से महान ऋषि बने

भगवद्गीता में भी कहा गया है:

“चातुर्वर्ण्यं मया सृष्टं गुणकर्मविभागशः।”

अर्थात् वर्ण गुण और कर्म के आधार पर है।

14.4 मिथक: ब्राह्मणों ने ही जाति-व्यवस्था बनाई

ऐतिहासिक तथ्य

जाति-व्यवस्था का विकास एक लम्बी सामाजिक प्रक्रिया थी। इसमें:

- व्यवसाय
- क्षेत्र
- विवाह नियम
- राजनीति
- आर्थिक हित

सभी का योगदान था।

ब्राह्मणों ने धर्मशास्त्रों के माध्यम से जाति को वैधता दी, किन्तु जाति केवल ब्राह्मणों द्वारा थोपी गयी व्यवस्था नहीं थी।

कई जातियाँ स्वयं भी अपनी अलग पहचान बनाए रखना चाहती थीं।

14.5 मिथक: ब्राह्मण हमेशा शिक्षा पर एकाधिकार रखते थे

ऐतिहासिक तथ्य

यह सत्य है कि वैदिक और मध्यकालीन शिक्षा में ब्राह्मणों की बड़ी भूमिका थी। किन्तु शिक्षा केवल उन्हीं तक सीमित नहीं थी।

उदाहरण:

- क्षत्रिय राजा जनक और विश्वामित्र विद्वान थे
- गार्गी और मैत्रेयी जैसी स्त्रियाँ दार्शनिक थीं
- बौद्ध और जैन मठों में सभी वर्गों के लोग पढ़ते थे

हाँ, समय के साथ शिक्षा पर ब्राह्मणों का अधिक नियन्त्रण हो गया, किन्तु यह पूर्ण एकाधिकार नहीं था।

14.6 मिथक: सभी ब्राह्मण शाकाहारी होते हैं

ऐतिहासिक तथ्य

आज अधिकांश ब्राह्मण शाकाहारी माने जाते हैं, किन्तु ऐतिहासिक रूप से यह पूरी तरह सही नहीं है।

- प्राचीन वैदिक ग्रन्थों में मांसाहार के उल्लेख मिलते हैं।
- कश्मीरी, बंगाली और कुछ दक्षिण भारतीय ब्राह्मण आज भी मांसाहार करते हैं।

- कई ब्राह्मण समुदाय केवल विशेष अवसरों पर मांस खाते थे।

अतः शाकाहार एक सामान्य प्रवृत्ति है, किन्तु सभी ब्राह्मणों पर लागू होने वाला नियम नहीं।

14.7 मिथक: सभी ब्राह्मण एक जैसे होते हैं

ऐतिहासिक तथ्य

भारत के ब्राह्मणों में अत्यन्त विविधता है।

- उत्तर भारत के कान्यकुब्ज और मैथिल
- दक्षिण भारत के अय्यर और अयंगार
- महाराष्ट्र के चितपावन और देशस्थ
- कश्मीर के पण्डित

इन सभी की भाषा, भोजन, रीति-रिवाज और गोत्र अलग हैं।

इसलिए 'ब्राह्मण' कोई एकरूप समूह नहीं, बल्कि अनेक समुदायों का विशाल समूह है।

14.8 मिथक: ब्राह्मण हमेशा ब्राह्मण ही रहे

ऐतिहासिक तथ्य

इतिहास नें कई बार ऐसे उदाहरण मिलते हैं जहाँ:

- कुछ ब्राह्मणों ने खेती या व्यापार अपनाया

- कुछ समुदायों ने अपने को ब्राह्मण घोषित किया
- कुछ ब्राह्मणों की स्थिति घट गयी

त्यागी, भूमिहार और नियोगी जैसे समुदायों का इतिहास यह दिखाता है कि ब्राह्मण पहचान समय के साथ बदलती रही।

14.9 मिथक: आधुनिक समय में ब्राह्मणों का कोई महत्व नहीं

ऐतिहासिक तथ्य

आज भी ब्राह्मण समुदाय:

- संस्कृत और शास्त्रों की परम्परा को सुरक्षित रखता है
- मंदिर और संस्कारों में भूमिका निभाता है
- शिक्षा, साहित्य, राजनीति और विज्ञान में सक्रिय है

किन्तु अब उनकी भूमिका पहले जैसी नहीं है। वे समाज के एक सामान्य और विविध भाग बन चुके हैं।

14.10 मिथक: ब्राह्मणों के कारण ही भारत पिछड़ा

यह धारणा कुछ आधुनिक विचारधाराओं में मिलती है।

ऐतिहासिक तथ्य

भारत की सामाजिक समस्याओं में जाति-व्यवस्था और असमानता का योगदान अवश्य रहा है। किन्तु भारत के इतिहास को केवल ब्राह्मणों के कारण अच्छा या बुरा मानना अत्यधिक सरल निष्कर्ष होगा।

भारत के इतिहास को प्रभावित करने वाले कारक थे:

- राजनीति
- आक्रमण
- अर्थव्यवस्था
- उपनिवेशवाद
- जाति और सामाजिक संरचना

ब्राह्मणों ने एक ओर ज्ञान, साहित्य और दर्शन में योगदान दिया, तो दूसरी ओर कई बार रूढ़िवादिता और असमानता को भी बढ़ावा दिया।

इसलिए इतिहास को संतुलित दृष्टि से देखना आवश्यक है।

14.11 मिथक: ब्राह्मण-विरोध ही सामाजिक न्याय है

ऐतिहासिक तथ्य

सामाजिक न्याय का अर्थ किसी एक जाति से घृणा नहीं है।

डॉ. अम्बेडकर, फुले और पेरियार ने ब्राह्मणवाद और असमानता की आलोचना की, किन्तु उनका उद्देश्य एक अधिक न्यायपूर्ण समाज बनाना था।

यदि किसी प्रकार का अन्याय गलत है, तो किसी भी समुदाय के प्रति घृणा भी गलत है।

प्रमुख मिथकों का सार

मिथक	ऐतिहासिक तथ्य
सभी ब्राह्मण धनी थे	अनेक ब्राह्मण गरीब और साधारण थे
ब्राह्मण केवल जन्म से बनता है	प्राचीन ग्रन्थ ज्ञान और कर्म को महत्व देते हैं
सभी ब्राह्मण शाकाहारी हैं	कई समुदाय मांसाहारी भी हैं
ब्राह्मणों ने अकेले जाति बनाई	जाति का विकास कई कारणों से हुआ
सभी ब्राह्मण एक जैसे हैं	उनमें अत्यन्त विविधता है
ब्राह्मण-विरोध ही न्याय है	न्याय का अर्थ सभी के लिए समानता है

निष्कर्ष

ब्राह्मणों के विषय में प्रचलित धारणाओं को समझने के लिए इतिहास, समाजशास्त्र और साहित्य—तीनों की सहायता लेनी आवश्यक है। न तो सभी ब्राह्मण सदैव आदर्श रहे, और न ही सभी समस्याओं के लिए उन्हें अकेले उत्तरदायी ठहराया जा सकता है।

इतिहास की सबसे बड़ी शिक्षा यही है कि किसी भी समुदाय को एक ही रंग में नहीं देखा जा सकता। ब्राह्मण समाज भी समय, स्थान और परिस्थितियों के अनुसार बदलता रहा है।

अतः आवश्यकता इस बात की है कि हम मिथकों से ऊपर उठकर तथ्यों, सन्तुलन और मानवीय दृष्टि से इतिहास को समझें।

अध्याय 15 विज्ञान, गणित और ज्ञान परम्परा में ब्राह्मणों का योगदान

(Brahmins and the Tradition of Science, Mathematics and Knowledge)

भारतीय इतिहास में ब्राह्मणों की सबसे महत्त्वपूर्ण भूमिका केवल धर्म और कर्मकाण्ड तक सीमित नहीं रही। उन्होंने गणित, खगोलशास्त्र, चिकित्सा, व्याकरण, दर्शन, ज्योतिष, वास्तु, राजनीति और साहित्य जैसे अनेक क्षेत्रों में भी महत्त्वपूर्ण योगदान दिया।

अक्सर यह माना जाता है कि प्राचीन भारत में विज्ञान नहीं था और ब्राह्मण केवल यज्ञ और पूजा में लगे रहते थे। दूसरी ओर कुछ लोग यह दावा करते हैं कि आधुनिक विज्ञान की हर खोज पहले से ही वेदों में मौजूद थी। दोनों ही दृष्टियाँ अतिशयोक्ति हैं।

वास्तविकता यह है कि भारतीय ज्ञान-परम्परा में कई महत्त्वपूर्ण वैज्ञानिक और बौद्धिक उपलब्धियाँ थीं, जिनमें अनेक ब्राह्मण विद्वानों का योगदान रहा। किन्तु इन उपलब्धियों को आधुनिक विज्ञान के समान नहीं समझना चाहिए।

15.1 ज्ञान की परम्परा और गुरुकुल

प्राचीन भारत में शिक्षा का केन्द्र गुरुकुल, आश्रम, मठ और विश्वविद्यालय थे। इन संस्थाओं में केवल धर्म नहीं, बल्कि अनेक विषय पढ़ाये जाते थे।

प्रमुख विषय

- गणित
- खगोलशास्त्र
- आयुर्वेद
- व्याकरण
- राजनीति
- अर्थशास्त्र
- ज्योतिष
- वास्तुशास्त्र

ब्राह्मण विद्वानों ने इन विषयों को संरक्षित और विकसित करने में बड़ी भूमिका निभायी।

15.2 गणित में योगदान

भारतीय गणित विश्व की सबसे प्राचीन और उन्नत परम्पराओं में से एक है।

आर्यभट

आर्यभट पाँचवीं शताब्दी के महान गणितज्ञ और खगोलशास्त्री थे।

उनकी प्रमुख उपलब्धियाँ:

- पृथ्वी के घूमने का विचार
- ग्रहण की वैज्ञानिक व्याख्या
- पाई (π) का लगभग सही मान
- त्रिकोणमिति का विकास

ब्रह्मगुप्त

ब्रह्मगुप्त ने:

- शून्य और ऋणात्मक संख्याओं के नियम दिए
- बीजगणित को विकसित किया

भास्कराचार्य

भास्कराचार्य ने 'लीलावती' और 'बीजगणित' जैसे ग्रन्थ लिखे।

उन्होंने:

- गणितीय समस्याओं का समाधान दिया
- गुरुत्वाकर्षण जैसे विचारों का उल्लेख किया

इनमें से अनेक विद्वान ब्राह्मण परिवारों से थे।

15.3 शून्य और दशमलव प्रणाली

भारत की सबसे बड़ी देन मानी जाती है:

- शून्य (0)
- दशमलव प्रणाली

शून्य के बिना आधुनिक गणित, विज्ञान और कम्प्यूटर सम्भव नहीं होते।

भारतीय अंक-पद्धति बाद में अरबों के माध्यम से यूरोप पहुँची, इसलिए उसे कभी-कभी 'हिन्दू-अरबी अंक-पद्धति' कहा जाता है।

15.4 खगोलशास्त्र और ज्योतिष

प्राचीन भारत में ज्योतिष और खगोलशास्त्र अलग-अलग नहीं थे।

वराहमिहिर

वराहमिहिर छठी शताब्दी के महान विद्वान थे। उन्होंने:

- ग्रहों और नक्षत्रों का अध्ययन किया
- मौसम, वास्तु और ज्योतिष पर ग्रन्थ लिखे

सूर्य सिद्धान्त

सूर्य सिद्धान्त में:

- ग्रहों की गति
- वर्ष की गणना

- ग्रहण की गणना

का वर्णन है।

भारतीय खगोलशास्त्र यूनानी और भारतीय परम्पराओं के मिश्रण से विकसित हुआ।

15.5 आयुर्वेद और चिकित्सा

आयुर्वेद भारतीय चिकित्सा परम्परा है।

चरक

चरक ने 'चरक संहिता' लिखी। इसमें:

- रोगों के कारण
- निदान
- आहार और औषधि

का वर्णन है।

सुश्रुत

सुश्रुत को शल्यचिकित्सा का जनक कहा जाता है।

उन्होंने:

- शल्यक्रिया
- प्लास्टिक सर्जरी
- शरीररचना

का वर्णन किया।

चरक और सुश्रुत दोनों की परम्परा ब्राह्मण और वैद्य समुदायों से जुड़ी रही।

15.6 व्याकरण और भाषा विज्ञान

भारतीय ज्ञान-परम्परा की सबसे बड़ी उपलब्धियों में से एक है—व्याकरण।

पाणिनि

पाणिनि ने 'अष्टाध्यायी' लिखी, जो संसार की सबसे व्यवस्थित व्याकरण-पुस्तकों में से एक मानी जाती है।

उनकी व्याकरण में:

- नियम
- ध्वनि-विज्ञान
- शब्द-रचना

का अत्यन्त वैज्ञानिक वर्णन है।

कई आधुनिक भाषाविद् पाणिनि की तुलना कम्प्यूटर विज्ञान और औपचारिक भाषा सिद्धान्त से करते हैं।

पतञ्जलि

पतञ्जलि ने महाभाष्य लिखा और संस्कृत व्याकरण को आगे बढ़ाया।

15.7 राजनीति और अर्थशास्त्र

ब्राह्मण विद्वानों ने राजनीति और राज्यशास्त्र में भी योगदान दिया।

कौटिल्य (चाणक्य)

कौटिल्य ने 'अर्थशास्त्र' लिखा।

इसमें:

- राज्य-व्यवस्था
- अर्थनीति
- जासूसी
- कर-व्यवस्था

का वर्णन है।

चाणक्य ने चन्द्रगुप्त मौर्य को साम्राज्य स्थापित करने में सहायता दी।

15.8 वास्तु, संगीत और कला

ब्राह्मणों का योगदान केवल शास्त्रों तक सीमित नहीं था।

- वास्तुशास्त्र में मंदिर और नगर-योजना
- संगीतशास्त्र में भरतमुनि और नाट्यशास्त्र
- कला और नृत्य की परम्परा

भी इसी ज्ञान-परम्परा का भाग थे।

भरतमुनि

भरतमुनि ने 'नाट्यशास्त्र' लिखा, जिसमें:

- संगीत
- नृत्य
- अभिनय

का विस्तृत वर्णन है।

15.9 क्या वेदों में आधुनिक विज्ञान था?

यह प्रश्न आज बहुत लोकप्रिय है।

कुछ लोग कहते हैं कि:

- विमान
- परमाणु
- इंटरनेट
- प्लास्टिक सर्जरी

सब कुछ पहले से ही वेदों में था।

संतुलित दृष्टि

- प्राचीन भारत में उन्नत गणित, चिकित्सा और खगोलशास्त्र था

- किन्तु आधुनिक विज्ञान प्रयोग, परीक्षण और गणितीय प्रमाण पर आधारित है
- वेदों और पुराणों में अनेक बातें प्रतीकात्मक और दार्शनिक हैं

उदाहरण:

- 'विमान' का उल्लेख है, किन्तु वह आधुनिक हवाई जहाज जैसा वैज्ञानिक विवरण नहीं देता
- सुश्रुत ने शल्यक्रिया का वर्णन किया, किन्तु आधुनिक चिकित्सा उससे कहीं अधिक विकसित है

अतः न तो प्राचीन भारत को कम आँकना चाहिए, और न ही अतिरंजना करनी चाहिए।

15.10 मध्यकाल और औपनिवेशिक काल में ज्ञान का पतन

मध्यकालीन आक्रमणों, राजनीतिक अस्थिरता और बाद में औपनिवेशिक शासन के कारण भारतीय ज्ञान-परम्परा कमजोर होती गयी।

- गुरुकुल और विश्वविद्यालय नष्ट हुए
- संस्कृत और पारम्परिक शिक्षा कमज़ोर हुई
- अंग्रेज़ी शिक्षा ने पुराने विषयों को पीछे छोड़ दिया

किन्तु उन्नीसवीं शताब्दी में फिर से भारतीय विद्या में रुचि बढ़ी।

15.11 आधुनिक भारत में परम्परा और विज्ञान

आज आधुनिक भारत में अनेक लोग:

- संस्कृत
- आयुर्वेद
- योग
- ज्योतिष

को पुनः समझने का प्रयास कर रहे हैं।

किन्तु यह आवश्यक है कि:

- वैज्ञानिक दृष्टि बनी रहे
- प्रमाण और शोध को महत्व दिया जाए
- परम्परा और आधुनिकता के बीच संतुलन रखा जाए

मिथक बनाम तथ्य

मिथक	तथ्य
ब्राह्मण केवल पूजा-पाठ करते थे	उन्होंने गणित, चिकित्सा, राजनीति और व्याकरण में भी योगदान दिया
प्राचीन भारत में कोई विज्ञान नहीं था	गणित, खगोलशास्त्र और आयुर्वेद अत्यन्त विकसित थे
आधुनिक विज्ञान की हर खोज वेदों में थी	कुछ वैज्ञानिक विचार थे, किन्तु आधुनिक विज्ञान अलग पद्धति है

मिथक	तथ्य
सभी विद्वान केवल ब्राह्मण थे	अन्य समुदायों का भी योगदान था
शून्य और दशमलव यूरोप की देन हैं	इनका विकास भारत में हुआ

निष्कर्ष

भारतीय ज्ञान-परम्परा में ब्राह्मणों का योगदान अत्यन्त महत्त्वपूर्ण रहा है। गणित, खगोलशास्त्र, आयुर्वेद, व्याकरण और राजनीति जैसे क्षेत्रों में उनके कार्यों ने विश्व को प्रभावित किया।

किन्तु इन उपलब्धियों को समझने के लिए संतुलित दृष्टि आवश्यक है। हमें न तो प्राचीन भारत की उपलब्धियों को कम आँकना चाहिए, और न ही उन्हें आधुनिक विज्ञान से अधिक सिद्ध करने का प्रयास करना चाहिए।

सच्चा सम्मान तभी होगा जब हम परम्परा का अध्ययन ईमानदारी, प्रमाण और विवेक के साथ करें।

अध्याय 16 सामाजिक सुधार, जाति-विमर्श और ब्राह्मण समाज

(Social Reform, Caste Debate and Brahmin Society)

उन्नीसवीं और बीसवीं शताब्दी का भारत केवल राजनीतिक परिवर्तन का काल नहीं था, बल्कि यह सामाजिक पुनर्विचार और सुधार का भी युग था। इसी समय जाति, वर्ण, स्त्री, शिक्षा, धर्म और सामाजिक न्याय के प्रश्न पहले से अधिक तीव्रता से उठे।

ब्राह्मण समाज इस बहस के केन्द्र में था। एक ओर अनेक लोग मानते थे कि ब्राह्मणों ने ज्ञान, शिक्षा और संस्कृति को सुरक्षित रखा; दूसरी ओर यह भी कहा गया कि ब्राह्मणवाद ने जाति और सामाजिक असमानता को मजबूत किया।

इसीलिए आधुनिक भारत में ब्राह्मण समाज के भीतर और बाहर—दोनों स्तरों पर सुधार आन्दोलन हुए।

16.1 सामाजिक सुधार की आवश्यकता क्यों पड़ी?

उन्नीसवीं शताब्दी तक भारतीय समाज में अनेक समस्याएँ थीं:

- कठोर जाति-व्यवस्था
- अस्पृश्यता
- स्त्रियों की अशिक्षा

- बाल-विवाह
- सती प्रथा
- विधवाओं की कठिन स्थिति

इनमें से कई समस्याओं को धर्म और परम्परा के नाम पर उचित ठहराया जाता था।

अनेक सुधारकों ने कहा कि:

- यह भारतीय संस्कृति का वास्तविक स्वरूप नहीं है
- प्राचीन ग्रन्थों की गलत व्याख्या हुई है
- समाज को बदलना आवश्यक है

16.2 ब्रह्म समाज और राजा राममोहन राय

राजा राममोहन राय बंगाल के एक ब्राह्मण परिवार से थे। वे आधुनिक भारत के प्रथम महान सुधारकों में माने जाते हैं।

उन्होंने 1828 में ब्रह्म समाज की स्थापना की।

उनके मुख्य विचार

- एकेश्वरवाद
- मूर्तिपूजा का विरोध
- सती प्रथा का विरोध
- स्त्री शिक्षा का समर्थन

- जति और रूढ़ियों की आलोचना

राममोहन राय का विश्वास था कि उपनिषदों और वेदान्त का सच्चा सन्देश समानता और विवेक है।

16.3 ईश्वरचन्द्र विद्यासागर और स्त्री सुधार

ईश्वरचन्द्र विद्यासागर भी बंगाल के ब्राह्मण थे।

उन्होंने:

- विधवा विवाह का समर्थन किया
- बाल विवाह का विरोध किया
- स्त्री शिक्षा को बढ़ावा दिया

उनके प्रयासों से 1856 में 'विधवा पुनर्विवाह अधिनियम' पारित हुआ।

विद्यासागर का मानना था कि समाज में सुधार बिना स्त्रियों की स्थिति सुधारे सम्भव नहीं है।

16.4 स्वामी दयानन्द सरस्वती और आर्य समाज

स्वामी दयानन्द सरस्वती एक ब्राह्मण परिवार से थे। उन्होंने 1875 में आर्य समाज की स्थापना की।

उनका नारा था:

"वेदों की ओर लौटो।"

उनके मुख्य विचार

- मूर्तिपूजा का विरोध
- जाति का आधार जन्म नहीं, गुण और कर्म
- स्त्री शिक्षा का समर्थन
- बाल विवाह का विरोध
- शुद्धि आन्दोलन

दयानन्द ने कहा कि वैदिक धर्म मूलतः समानता और ज्ञान पर आधारित था, बाद में उसमें अनेक विकृतियाँ आ गयीं।

16.5 ज्योतिबा फुले और ब्राह्मणवाद की आलोचना

ज्योतिबा फुले ने सामाजिक सुधार को बिल्कुल अलग दृष्टि से देखा। वे स्वयं ब्राह्मण नहीं थे।

उनका मानना था कि:

- ब्राह्मणों ने धर्म और शिक्षा पर अधिकार करके निम्न वर्गों को दबाया
- जाति व्यवस्था अन्यायपूर्ण है

उन्होंने:

- स्त्री शिक्षा

- शूद्र और दलित शिक्षा
- जाति-विरोधी आन्दोलन

को बढ़ावा दिया।

फुले ने 'गुलामगिरी' जैसी पुस्तक लिखकर ब्राह्मणवाद की तीव्र आलोचना की।

16.6 डॉ. भीमराव अम्बेडकर

डॉ. अम्बेडकर आधुनिक भारत में जाति और ब्राह्मणवाद के सबसे बड़े आलोचक माने जाते हैं।

उन्होंने कहा:

"जाति केवल श्रम-विभाजन नहीं, बल्कि श्रमिकों का विभाजन है।"

अम्बेडकर के मुख्य विचार

- जाति व्यवस्था सामाजिक अन्याय है
- जन्म-आधारित श्रेष्ठता गलत है
- हिन्दू समाज को समानता की आवश्यकता है

उन्होंने 'जाति का उन्मूलन' (Annihilation of Caste) में लिखा कि केवल सुधार नहीं, बल्कि पूरी जाति-व्यवस्था को समाप्त करना चाहिए।

किन्तु अम्बेडकर ने केवल आलोचना नहीं की; उन्होंने भारतीय संविधान के माध्यम से समानता, स्वतंत्रता और न्याय की व्यवस्था भी दी।

16.7 महात्मा गांधी और जाति प्रश्न

महात्मा गांधी का दृष्टिकोण अम्बेडकर से भिन्न था।

गांधी:

- अस्पृश्यता के विरोधी थे
- दलितों को 'हरिजन' कहते थे
- जाति-व्यवस्था में सुधार चाहते थे

किन्तु वे वर्ण-व्यवस्था को पूरी तरह समाप्त नहीं करना चाहते थे। उनका मानना था कि यदि वर्ण जन्म के आधार पर नहीं, बल्कि कार्य-विभाजन के रूप में हो, तो वह समाज के लिए उपयोगी हो सकता है।

इसी कारण गांधी और अम्बेडकर के बीच मतभेद हुआ।

16.8 दक्षिण भारत में पेरियार और गैर-ब्राह्मण आन्दोलन

दक्षिण भारत में ब्राह्मणों की स्थिति विशेष रूप से प्रभावशाली थी। शिक्षा, प्रशासन और धर्म में उनका प्रभुत्व था।

इसी पृष्ठभूमि में पेरियार और 'द्रविड़ आन्दोलन' का उदय हुआ।

पेरियार ने:

- ब्राह्मण प्रभुत्व का विरोध किया
- जाति-व्यवस्था की आलोचना की
- तर्कवाद और समानता पर बल दिया

उनके आन्दोलन का प्रभाव आज भी तमिलनाडु की राजनीति और समाज में दिखाई देता है।

16.9 ब्राह्मण समाज के भीतर सुधार

यह कहना गलत होगा कि ब्राह्मण समाज पूरी तरह परिवर्तन के विरुद्ध था। अनेक ब्राह्मणों ने अपने भीतर भी सुधार किए।

उदाहरण

- विधवा विवाह को स्वीकार करना
- स्त्री शिक्षा को बढ़ावा देना
- जाति की कठोरता कम करना
- आधुनिक शिक्षा अपनाना

बीसवीं शताब्दी तक आते-आते अनेक ब्राह्मण परिवारों में:

- अन्तरजातीय विवाह
- आधुनिक पेशे
- वैज्ञानिक दृष्टि

का प्रसार होने लगा।

16.10 आरक्षण और आधुनिक सामाजिक न्याय

स्वतन्त्रता के बाद भारत में सामाजिक न्याय के लिए आरक्षण नीति लागू की गयी।

इसका उद्देश्य था:

- ऐतिहासिक रूप से वंचित समुदायों को अवसर देना
- शिक्षा और रोजगार में समानता लाना

कुछ ब्राह्मणों ने इसका विरोध किया, क्योंकि उन्हें लगा कि इससे योग्यता प्रभावित होती है।

दूसरी ओर समर्थकों का कहना है कि:

- सदियों की असमानता को केवल समान कानून से दूर नहीं किया जा सकता
- विशेष अवसर आवश्यक हैं

यह बहस आज भी जारी है।

16.11 क्या ब्राह्मणवाद और ब्राह्मण एक ही हैं?

यह एक अत्यन्त महत्त्वपूर्ण प्रश्न है।

'ब्राह्मण' एक समुदाय या जाति हो सकता है, किन्तु 'ब्राह्मणवाद' एक विचारधारा है, जिसमें:

- जन्म-आधारित श्रेष्ठता
- सामाजिक पदानुक्रम
- धार्मिक अधिकार

को महत्त्व दिया जाता है।

कई ब्राह्मण स्वयं भी ब्राह्मणवाद के आलोचक रहे हैं।

उदाहरण:

- राममोहन राय
- दयानन्द
- विवेकानन्द

इसलिए किसी विचारधारा की आलोचना और किसी समुदाय से घृणा—दोनों अलग बातें हैं।

मिथक बनाम तथ्य

मिथक	**तथ्य**
सभी ब्राह्मण सुधार के विरोधी थे	अनेक बड़े सुधारक स्वयं ब्राह्मण थे
जाति-विरोध केवल गैर-ब्राह्मण आन्दोलन था	ब्राह्मणों ने भी जाति और रूढ़ियों की आलोचना की
गांधी और अम्बेडकर का विचार समान था	दोनों के दृष्टिकोण में बड़ा अन्तर था
सामाजिक न्याय का अर्थ ब्राह्मण-विरोध है	सामाजिक न्याय का उद्देश्य समानता है, घृणा नहीं
ब्राह्मण और ब्राह्मणवाद एक ही हैं	एक समुदाय है, दूसरा एक विचारधारा

निष्कर्ष

आधुनिक भारत का सामाजिक सुधार आन्दोलन केवल ब्राह्मणों के विरुद्ध संघर्ष नहीं था, बल्कि पूरे समाज को अधिक न्यायपूर्ण बनाने का प्रयास था।

इस प्रक्रिया में ब्राह्मण समाज की आलोचना भी हुई, और उसके भीतर से सुधार भी हुए। राजा राममोहन राय, विद्यासागर, दयानन्द, विवेकानन्द, फुले, अम्बेडकर और गांधी—इन सभी ने अपने-अपने ढंग से भारतीय समाज को बदलने का प्रयास किया।

आज आवश्यकता इस बात की है कि हम इतिहास को किसी एक पक्ष की दृष्टि से नहीं, बल्कि सन्तुलन, सहानुभूति और सत्य के साथ समझें।

अध्याय 17 राजनीति, प्रशासन और राष्ट्रनिर्माण में ब्राह्मणों की भूमिका

(Brahmins in Politics, Administration and Nation-Building)

भारतीय इतिहास में ब्राह्मणों की भूमिका केवल धर्म, शिक्षा और दर्शन तक सीमित नहीं रही। अनेक कालों में वे राजा के मन्त्री, सेनानी, कूटनीतिज्ञ, प्रशासक, न्यायविद् और राष्ट्रनिर्माता के रूप में भी सक्रिय रहे।

प्राचीन भारत से लेकर आधुनिक भारत तक अनेक ब्राह्मण व्यक्तियों ने राज्य-व्यवस्था, प्रशासन, स्वतन्त्रता आन्दोलन और आधुनिक राष्ट्र के निर्माण में महत्त्वपूर्ण भूमिका निभायी।

किन्तु यह भी सत्य है कि कभी-कभी उनके राजनीतिक प्रभाव की आलोचना भी हुई। कुछ लोगों ने इसे योग्यता और शिक्षा का परिणाम माना, जबकि कुछ ने इसे सामाजिक विशेषाधिकार का परिणाम कहा।

इस अध्याय में हम देखेंगे कि विभिन्न युगों में ब्राह्मणों की राजनीतिक और प्रशासनिक भूमिका क्या रही।

17.1 वैदिक और प्राचीन काल में ब्राह्मण और राजसत्ता

वैदिक युग में ब्राह्मण स्वयं राजा नहीं होते थे, किन्तु वे राजा के सबसे महत्त्वपूर्ण सलाहकार माने जाते थे।

राजा और ब्राह्मण के सम्बन्ध को 'राजा–पुरोहित' सम्बन्ध कहा गया।

ब्राह्मण की भूमिका

- राज्याभिषेक कराना
- यज्ञ और अनुष्ठान कराना
- धर्म और नीति का परामर्श देना
- युद्ध और शान्ति के विषय में सलाह देना

उदाहरण:

- वशिष्ठ – राजा दशरथ और राम के कुलगुरु
- विश्वामित्र – राजनीतिक और आध्यात्मिक दोनों भूमिका
- द्रोणाचार्य – राजकुमारों के शिक्षक

17.2 चाणक्य और मौर्य साम्राज्य

भारतीय इतिहास में राजनीति और प्रशासन के क्षेत्र में सबसे प्रसिद्ध ब्राह्मण हैं—चाणक्य या कौटिल्य।

चाणक्य एक ब्राह्मण विद्वान थे जिन्होंने:

- चन्द्रगुप्त मौर्य को प्रशिक्षित किया
- नन्द वंश को हटाने में सहायता की
- मौर्य साम्राज्य की स्थापना में निर्णायक भूमिका निभायी

उनका ग्रन्थ 'अर्थशास्त्र' राजनीति, अर्थव्यवस्था, कर-व्यवस्था, जासूसी और प्रशासन का विस्तृत ग्रन्थ है।

चाणक्य के विचार

- राज्य की शक्ति सबसे महत्त्वपूर्ण है
- राजा को व्यावहारिक और कठोर होना चाहिए
- सुशासन और आर्थिक स्थिरता आवश्यक है

इस कारण चाणक्य को कभी-कभी भारत का 'मैकियावेली' कहा जाता है, यद्यपि दोनों में कई अन्तर भी हैं।

17.3 गुप्तकाल और ब्राह्मण मन्त्री

गुप्तकाल में ब्राह्मणों की राजनीतिक भूमिका और अधिक बढ़ी। अनेक ब्राह्मण:

- मन्त्री
- न्यायाधीश
- कर-अधिकारी
- राजपुरोहित

के रूप में कार्य करते थे।

ब्राह्मणों को भूमि-दान भी दिया जाता था, जिससे उनकी सामाजिक और आर्थिक स्थिति मजबूत हुई।

किन्तु इसका परिणाम यह भी हुआ कि कई बार धर्म और राजनीति का सम्बन्ध अधिक निकट हो गया।

17.4 मध्यकाल में ब्राह्मण और राज्य

मध्यकाल में जब मुस्लिम राज्य स्थापित हुए, तब भी अनेक ब्राह्मण प्रशासन में बने रहे।

उदाहरण

- कश्मीरी पण्डित – मुग़ल दरबार में मन्त्री और विद्वान
- दक्षिण भारत के ब्राह्मण – चोल, विजयनगर और मराठा राज्यों में प्रशासक
- महाराष्ट्र में पेशवा – ब्राह्मण प्रधानमन्त्री

पेशवा शासन

मराठा साम्राज्य में पेशवा मूलतः प्रधानमन्त्री थे, किन्तु बाद में वही वास्तविक शासक बन गये।

पेशवा प्रायः चितपावन ब्राह्मण होते थे।

प्रमुख पेशवा

- बालाजी विश्वनाथ
- बाजीराव प्रथम
- नाना साहेब

पेशवाओं ने मराठा शक्ति को पूरे भारत में फैलाया, किन्तु उन पर ब्राह्मण प्रभुत्व बढ़ाने का आरोप भी लगा।

17.5 मुग़ल काल और ब्राह्मण विद्वान

मुग़ल काल में कई ब्राह्मण विद्वानों को दरबार में सम्मान मिला।

अकबर के समय:

- संस्कृत ग्रन्थों का फ़ारसी में अनुवाद हुआ
- ब्राह्मण पण्डितों को दरबार में बुलाया गया

उदाहरण:

- महाभारत का फ़ारसी अनुवाद 'रज़्मनामा'
- काशी और प्रयाग के विद्वानों का दरबार में सम्मान

कुछ ब्राह्मण प्रशासन और कर-व्यवस्था में भी कार्यरत थे।

17.6 औपनिवेशिक काल और अंग्रेज़ी प्रशासन

अंग्रेज़ी शासन के बाद ब्राह्मणों ने आधुनिक शिक्षा को अपेक्षाकृत जल्दी अपनाया। परिणामस्वरूप वे:

- क्लर्क
- वकील
- शिक्षक
- न्यायाधीश

- सरकारी अधिकारी

के रूप में बड़ी संख्या में सामने आये।

प्रमुख क्षेत्र

- बंगाल
- मद्रास
- महाराष्ट्र

दक्षिण भारत में विशेष रूप से तमिल और तेलुगु ब्राह्मण अंग्रेज़ी शिक्षा और प्रशासन में आगे रहे।

इसी कारण दक्षिण भारत में बाद में 'गैर-ब्राह्मण आन्दोलन' उत्पन्न हुआ।

17.7 स्वतन्त्रता आन्दोलन में ब्राह्मण

भारतीय स्वतन्त्रता आन्दोलन में अनेक ब्राह्मण नेताओं ने महत्त्वपूर्ण भूमिका निभायी।

प्रमुख व्यक्तित्व

- बाल गंगाधर तिलक
- गोपाल कृष्ण गोखले
- मदन मोहन मालवीय
- चन्द्रशेखर आज़ाद

- विनायक दामोदर सावरकर
- जवाहरलाल नेहरू

तिलक

तिलक ने 'स्वराज मेरा जन्मसिद्ध अधिकार है' का नारा दिया।

मालवीय

मदन मोहन मालवीय ने काशी हिन्दू विश्वविद्यालय की स्थापना की।

नेहरू

जवाहरलाल नेहरू आधुनिक भारत के प्रथम प्रधानमन्त्री बने।

उनका परिवार कश्मीरी ब्राह्मण था।

17.8 संविधान और आधुनिक भारत

भारत के संविधान निर्माण में भी ब्राह्मण और गैर-ब्राह्मण—दोनों प्रकार के नेताओं ने भाग लिया।

प्रमुख नाम

- डॉ. भीमराव अम्बेडकर
- अल्लादी कृष्णस्वामी अय्यर
- के. एम. मुंशी
- टी. टी. कृष्णमाचारी

इनमें कई ब्राह्मण पृष्ठभूमि से थे, किन्तु संविधान का आधार समानता, लोकतन्त्र और धर्मनिरपेक्षता बना।

17.9 आधुनिक राजनीति में ब्राह्मण

आज भी भारतीय राजनीति में ब्राह्मण नेताओं की भूमिका दिखाई देती है, किन्तु अब वे समाज के अनेक अन्य वर्गों के साथ समान रूप से प्रतिस्पर्धा करते हैं।

विभिन्न क्षेत्रों में उदाहरण

- उत्तर भारत में ब्राह्मण वोट-बैंक की चर्चा
- दक्षिण भारत में ब्राह्मणों का अपेक्षाकृत कम राजनीतिक प्रभाव
- शिक्षा, मीडिया और नौकरशाही में अभी भी उनकी उपस्थिति

किन्तु आधुनिक भारत में ब्राह्मणों का राजनीतिक प्रभुत्व पहले जैसा नहीं रहा।

17.10 ब्राह्मण प्रभुत्व: योग्यता या विशेषाधिकार?

यह एक विवादास्पद प्रश्न है।

कुछ लोगों का मत है कि:

- ब्राह्मण शिक्षा और अध्ययन की परम्परा के कारण आगे बढ़े
- उनकी सफलता योग्यता का परिणाम थी

दूसरी ओर कुछ लोग कहते हैं:

- उन्हें ऐतिहासिक रूप से शिक्षा और अवसर अधिक मिले
- इसलिए उनका प्रभुत्व केवल योग्यता का परिणाम नहीं था

सत्य सम्भवतः दोनों के बीच है।

ब्राह्मणों को शिक्षा की परम्परा और सामाजिक अवसर मिले, किन्तु उन्होंने उन अवसरों का उपयोग करके प्रशासन और राजनीति में योगदान भी दिया।

17.11 राष्ट्रनिर्माण में ब्राह्मणों की भूमिका

आधुनिक भारत के निर्माण में ब्राह्मणों की भूमिका केवल राजनीति तक सीमित नहीं रही।

उन्होंने:

- शिक्षा संस्थानों की स्थापना की
- साहित्य और पत्रकारिता को बढ़ावा दिया
- विज्ञान और कानून में योगदान दिया
- राष्ट्रवाद और स्वतन्त्रता की भावना को फैलाया

उदाहरण:

- काशी हिन्दू विश्वविद्यालय
- राष्ट्रीय आन्दोलन के समाचारपत्र
- आधुनिक हिन्दी और मराठी साहित्य

मिथक बनाम तथ्य

मिथक	तथ्य
ब्राह्मण कभी राजनीति में नहीं थे	वे प्राचीन काल से मन्त्री और सलाहकार रहे हैं
सभी ब्राह्मण केवल पुरोहित थे	अनेक ब्राह्मण प्रशासक, सैनिक और नेता भी थे
स्वतन्त्रता आन्दोलन केवल गैर-ब्राह्मण नेताओं ने चलाया	अनेक ब्राह्मण नेताओं ने भी महत्त्वपूर्ण भूमिका निभायी
आधुनिक राजनीति में ब्राह्मणों का पूर्ण प्रभुत्व है	आज उनका प्रभाव सीमित और क्षेत्रानुसार भिन्न है
ब्राह्मणों की सफलता केवल विशेषाधिकार से आयी	शिक्षा, अवसर और व्यक्तिगत क्षमता—तीनों का योगदान था

निष्कर्ष

भारतीय राजनीति, प्रशासन और राष्ट्रनिर्माण में ब्राह्मणों की भूमिका लम्बी और बहुआयामी रही है। चाणक्य से लेकर नेहरू तक, पेशवाओं से लेकर संविधान-निर्माताओं तक, उन्होंने विभिन्न रूपों में भारत के इतिहास को प्रभावित किया।

किन्तु इस भूमिका को समझने के लिए केवल प्रशंसा या आलोचना पर्याप्त नहीं है। आवश्यक है कि हम यह देखें कि किन ऐतिहासिक

परिस्थितियों, अवसरों और सीमाओं ने ब्राह्मणों की राजनीतिक भूमिका को आकार दिया।

अध्याय 18 वेद, पुराण और उपनिषदों में ब्राह्मण

(Brahmins in Vedas, Puranas and Upnishadas)

18.1 प्रस्तावना

भारतीय संस्कृति का मूलाधार वेद, उपनिषद् और पुराण हैं। इन ग्रन्थों में ब्राह्मण शब्द का प्रयोग केवल जन्मगत जाति के लिए नहीं, अपितु ज्ञान, तप, सदाचार, वेदाध्ययन, यज्ञकर्म और लोकहित के आदर्श के रूप में हुआ है। ब्राह्मण वह है जो ब्रह्म को जानने का प्रयत्न करे, सत्य का अनुसरण करे, धर्म का पालन करे और समाज को ज्ञान तथा नीति का मार्ग दिखाये।

वेदों में ब्राह्मण को समाज का मुख कहा गया है, उपनिषदों में उसे ब्रह्मविद्या का अधिकारी माना गया है और पुराणों में उसे धर्मरक्षा तथा लोककल्याण का आधार बताया गया है।

18.2 वेदों में ब्राह्मण

वेदों में ब्राह्मण शब्द अनेक अर्थों में प्रयुक्त हुआ है। कहीं इसका अर्थ मन्त्रों का ज्ञाता है, कहीं यज्ञकर्ता, कहीं ब्रह्मविद्या का अधिकारी और कहीं समाज का पथ-प्रदर्शक।

ऋग्वेद के पुरुषसूक्त में समाज के चार वर्णों की उत्पत्ति का वर्णन है—

ब्राह्मणोऽस्य मुखमासीद् बाहू राजन्यः कृतः।

ऊरू तदस्य यद्वैश्यः पद्भ्यां शूद्रो अजायत॥

इस मन्त्र का अभिप्राय यह नहीं कि ब्राह्मण जन्म से श्रेष्ठ है, बल्कि यह है कि जिस प्रकार शरीर का मुख वाणी, विचार और ज्ञान का केन्द्र होता है, उसी प्रकार समाज में ब्राह्मण ज्ञान और धर्म का केन्द्र माना गया।

ब्राह्मण का कर्तव्य

वेदों के अनुसार ब्राह्मण के प्रमुख कर्तव्य हैं—

- वेदों का अध्ययन और अध्यापन

- यज्ञ करना और कराना

- दान देना और लेना

- सत्य, संयम और तप का पालन

- समाज को धर्म और नीति का उपदेश देना

ऋग्वेद में ब्राह्मण को "ऋषि", "विप्र", "कवि" और "धीर" कहा गया है। विप्र वह है जो ज्ञान से प्रकाशित हो।

विप्रः कविः सत्यश्रुतः।

अर्थात् ब्राह्मण वह है जो सत्य को सुनता, समझता और लोक में उसका प्रचार करता है।

अथर्ववेद में ब्राह्मण

अथर्ववेद में ब्राह्मण को राष्ट्र का संरक्षक कहा गया है। वहाँ कहा गया है कि जहाँ ब्राह्मण धर्म, तप और विद्या में स्थित रहते हैं, वहाँ राज्य में समृद्धि, शान्ति और सुख बना रहता है।

ब्राह्मण केवल यज्ञ करने वाला नहीं, बल्कि लोकमंगल का विचारक है। वह राजा को धर्म का मार्ग दिखाता है, प्रजा को सदाचार की शिक्षा देता है और समाज में संतुलन बनाये रखता है।

18.3 ब्राह्मण ग्रन्थों में ब्राह्मण

वेदों के पश्चात् ब्राह्मण ग्रन्थों की रचना हुई। ऐतरेय ब्राह्मण, शतपथ ब्राह्मण, तैत्तिरीय ब्राह्मण आदि में ब्राह्मण के स्वरूप और कर्तव्यों का विस्तृत वर्णन है।

इन ग्रन्थों के अनुसार ब्राह्मण का जीवन तप, स्वाध्याय और यज्ञ पर आधारित होना चाहिए। शतपथ ब्राह्मण में कहा गया है कि—

स्वाध्यायोऽध्येतव्यः।

अर्थात् स्वाध्याय करना ही ब्राह्मण का प्रधान धर्म है।

ब्राह्मण ग्रन्थों में यह भी कहा गया है कि यदि कोई व्यक्ति वेद का ज्ञाता नहीं, सत्याचारी नहीं और धर्म का पालन नहीं करता, तो केवल जन्म से ब्राह्मण नहीं कहलाता।

18.4 उपनिषदों में ब्राह्मण

उपनिषदों में ब्राह्मण की अवधारणा और अधिक आध्यात्मिक हो जाती है। यहाँ ब्राह्मण वह है जो ब्रह्म को जानता है। जन्म, कुल, वंश और बाह्याचार से अधिक महत्त्व ज्ञान और आत्मानुभूति को दिया गया है।

मुण्डकोपनिषद् में कहा गया है—

ब्रह्मविद् ब्रह्मैव भवति।

अर्थात् जो ब्रह्म को जान लेता है, वही ब्रह्मस्वरूप हो जाता है। यही सच्चा ब्राह्मण है।

सत्यकाम जाबाल का प्रसंग

छान्दोग्य उपनिषद् में सत्यकाम जाबाल की कथा आती है। सत्यकाम अपनी माता से अपने पिता का नाम पूछता है, परन्तु माता बताती है कि उसे ज्ञात नहीं। तब भी सत्यकाम गुरु के पास जाकर सत्य बोलता है। गुरु कहता है—

न ब्राह्मणोऽनृतं वदेत्।

अर्थात् जो असत्य नहीं बोलता, वही ब्राह्मण है। इस प्रकार उपनिषद् स्पष्ट करते हैं कि ब्राह्मणत्व जन्म से नहीं, सत्य और सदाचार से प्राप्त होता है।

याज्ञवल्क्य और जनक

बृहदारण्यक उपनिषद् में याज्ञवल्क्य और मिथिला के राजा जनक के बीच अनेक संवाद हैं। याज्ञवल्क्य महान् ब्राह्मण और ब्रह्मज्ञानी थे। उन्होंने आत्मा, ब्रह्म, मोक्ष और ज्ञान का उपदेश दिया।

याज्ञवल्क्य कहते हैं—

आत्मा वा अरे द्रष्टव्यः, श्रोतव्यः, मन्तव्यः, निदिध्यासितव्यः।

अर्थात् आत्मा को जानना, सुनना, विचारना और ध्यान करना चाहिए। यही ब्राह्मण का परम कर्तव्य है।

उपनिषदों में ब्राह्मण के गुण

उपनिषदों में ब्राह्मण के निम्नलिखित गुण बताये गये हैं—

- सत्यवादिता
- अहिंसा
- आत्मसंयम
- तप
- क्षमा
- शान्ति
- ज्ञान
- ब्रह्मचिन्तन
- लोभ और अहंकार का त्याग

18.5 पुराणों में ब्राह्मण

पुराणों में ब्राह्मण को धर्म, यज्ञ और संस्कृति का रक्षक बताया गया है। विभिन्न पुराणों—जैसे विष्णु पुराण, भागवत पुराण, पद्म पुराण, स्कन्द पुराण और गरुड़ पुराण—में ब्राह्मण की महिमा का वर्णन मिलता है।

विष्णु पुराण में कहा गया है कि ब्राह्मण समाज का गुरु है, क्योंकि वह धर्म और ज्ञान का उपदेश देता है।

ब्राह्मणः सर्ववर्णानां गुरुर्भवति धर्मतः।

भागवत पुराण में ब्राह्मण के बारह गुण बताये गये हैं—

- शम
- दम
- तप
- शौच
- सन्तोष
- क्षमा
- आर्जव
- ज्ञान
- विज्ञान
- श्रद्धा

- दया

- ईश्वरभक्ति

यदि ये गुण किसी में नहीं हैं, तो वह केवल जन्म से ब्राह्मण होकर भी वास्तविक अर्थ में ब्राह्मण नहीं है।

पुराणों में आदर्श ब्राह्मण

पुराणों में अनेक आदर्श ब्राह्मणों का वर्णन है—

1. महर्षि वशिष्ठ

वशिष्ठ सप्तर्षियों में एक थे। वे राजा दशरथ और श्रीराम के कुलगुरु थे। वे ज्ञान, तप और क्षमा के प्रतीक माने जाते हैं।

2. महर्षि विश्वामित्र

विश्वामित्र मूलतः क्षत्रिय थे, किन्तु तप और ज्ञान के द्वारा ब्रह्मर्षि बने। इससे यह सिद्ध होता है कि ब्राह्मणत्व कर्म और साधना से प्राप्त हो सकता है।

3. महर्षि पराशर

पराशर महान् ऋषि और वेदव्यास के पिता थे। उन्होंने धर्म, समाज और नीति पर अनेक उपदेश दिये।

4. वेदव्यास

वेदव्यास ने वेदों का विभाजन किया, महाभारत और पुराणों की रचना की। उन्हें ब्राह्मण परम्परा का महान् आधारस्तम्भ माना जाता है।

5. महर्षि मार्कण्डेय

मार्कण्डेय ऋषि दीर्घायु, तपस्वी और धर्मनिष्ठ ब्राह्मण माने जाते हैं। मार्कण्डेय पुराण उन्हीं के नाम पर प्रसिद्ध है।

18.6 जन्म और कर्म का प्रश्न

भारतीय ग्रन्थों में यह प्रश्न बार-बार उठाया गया है कि ब्राह्मण जन्म से होता है या कर्म से। अनेक शास्त्रों और पुराणों में कर्म को जन्म से अधिक महत्त्व दिया गया है।

महाभारत में कहा गया है—

न जात्या ब्राह्मणो भवति, कर्मणा ब्राह्मणः स्मृतः।

अर्थात् मनुष्य जन्म से ब्राह्मण नहीं होता, बल्कि अपने कर्म, ज्ञान और आचरण से ब्राह्मण बनता है।

मनुस्मृति में भी ब्राह्मण के लिए सत्य, शौच, संयम और विद्या को अनिवार्य बताया गया है। यदि इनमें से कोई भी गुण नहीं है, तो केवल कुल और गोत्र से ब्राह्मणत्व सिद्ध नहीं होता।

18.7 ब्राह्मण और समाज

प्राचीन भारत में ब्राह्मण समाज का शिक्षक, पुरोहित, दार्शनिक, ज्योतिषी, वैद्य और नीति-निर्देशक था। गुरुकुलों का संचालन प्रायः ब्राह्मणों द्वारा किया जाता था। वे राजा को धर्म का उपदेश देते, यज्ञ सम्पन्न कराते और समाज में नैतिकता बनाये रखते थे।

किन्तु आदर्श ब्राह्मण वह माना गया जो—

- लोभ से दूर रहे

- धन के लिए धर्म का व्यापार न करे

- अहंकार न रखे

- समाज के सभी वर्गों के प्रति समान भाव रखे

- विद्या को लोकहित के लिए उपयोग करे

यदि ब्राह्मण इन गुणों से दूर हो जाये, तो शास्त्रों के अनुसार उसका पतन माना गया है।

निष्कर्ष

वेद, उपनिषद् और पुराणों में ब्राह्मण का स्वरूप अत्यन्त व्यापक और उच्च है। ब्राह्मण केवल एक जाति नहीं, बल्कि एक आदर्श है— ज्ञान का, सत्य का, तप का और लोकसेवा का। वेद उसे समाज का मुख कहते हैं, उपनिषद् उसे ब्रह्मविद्या का अधिकारी बताते हैं और पुराण उसे धर्म का रक्षक मानते हैं।

इन सभी ग्रन्थों का सार यही है कि वास्तविक ब्राह्मण वही है जो सत्यवादी, विद्वान्, संयमी, करुणामय और धर्मनिष्ठ हो। जन्म से अधिक महत्त्व कर्म, ज्ञान और चरित्र का है।

अतः ब्राह्मणत्व कोई बाहरी पद नहीं, बल्कि आत्मा की साधना और जीवन की श्रेष्ठता का नाम है।

अध्याय 19 आधुनिक भारत में ब्राह्मण: वर्तमान स्थिति, चुनौतियाँ और भविष्य

(Brahmins in Modern India: Present Condition, Challenges and Future)

इक्कीसवीं शताब्दी का भारत तीव्र परिवर्तन का भारत है। वैश्वीकरण, तकनीक, शिक्षा, शहरीकरण, सोशल मीडिया, प्रवासन और नई राजनीति ने समाज की लगभग हर परम्परा को बदल दिया है। ब्राह्मण समाज भी इससे अछूता नहीं रहा।

आज का ब्राह्मण वैदिक यज्ञ करने वाला पुरोहित भी हो सकता है, और एक वैज्ञानिक, डॉक्टर, इंजीनियर, लेखक, पत्रकार, व्यापारी, शिक्षक या विदेश में रहने वाला पेशेवर भी।

इसलिए आधुनिक भारत में 'ब्राह्मण' की पहचान पहले की तुलना में कहीं अधिक जटिल और बहुआयामी हो गयी है।

19.1 आज के भारत में ब्राह्मण कौन हैं?

आज भारत में ब्राह्मण कोई एकरूप समुदाय नहीं हैं। वे:

- उत्तर और दक्षिण भारत के विभिन्न समुदायों में विभाजित हैं
- गाँव और शहर—दोनों में रहते हैं

- गरीब, मध्यमवर्गीय और सम्पन्न—तीनों प्रकार के हैं
- पारम्परिक और आधुनिक—दोनों जीवनशैली अपनाते हैं

कुछ परिवार आज भी:

- पुरोहिताई
- संस्कृत अध्ययन
- मंदिर-सेवा

से जुड़े हैं।

दूसरी ओर अधिकांश ब्राह्मण अब आधुनिक व्यवसायों में हैं।

19.2 शिक्षा और पेशे

ब्राह्मणों की पहचान आज भी शिक्षा से गहराई से जुड़ी हुई है।

प्रमुख क्षेत्र

- इंजीनियरिंग
- चिकित्सा
- अध्यापन
- प्रशासन
- न्यायपालिका
- विज्ञान और तकनीक
- पत्रकारिता

- साहित्य
- कृषि

कई ब्राह्मण परिवारों ने पारम्परिक संस्कृत शिक्षा के स्थान पर आधुनिक अंग्रेज़ी और तकनीकी शिक्षा को अपनाया है।

इसका परिणाम यह हुआ कि:

- बहुत से ब्राह्मण महानगरों और विदेशों में बस गये
- पुरानी संयुक्त परिवार व्यवस्था कमज़ोर हुई
- गोत्र, उपनाम और पारिवारिक परम्पराओं का ज्ञान कम होने लगा

19.3 क्या ब्राह्मण अब भी विशेषाधिकार प्राप्त हैं?

यह प्रश्न आज बहुत विवादास्पद है।

कुछ लोग मानते हैं कि:

- ब्राह्मणों को अभी भी सामाजिक सम्मान मिलता है
- शिक्षा और सांस्कृतिक पूँजी के कारण वे आगे रहते हैं

दूसरी ओर अनेक ब्राह्मण परिवार कहते हैं कि:

- वे आर्थिक रूप से संघर्ष कर रहे हैं
- आरक्षण और बदलती सामाजिक व्यवस्था के कारण उनकी स्थिति पहले जैसी नहीं रही

वास्तविकता यह है कि आज सभी ब्राह्मण न तो विशेषाधिकार प्राप्त हैं और न ही सभी वंचित।

उनकी स्थिति भी क्षेत्र, शिक्षा और आर्थिक स्तर के अनुसार भिन्न है।

19.4 आरक्षण और ब्राह्मण युवाओं की मनोवृत्ति

आज के कई ब्राह्मण युवा आरक्षण नीति को लेकर मिश्रित भावनाएँ रखते हैं।

कुछ कहते हैं:

- प्रतियोगी परीक्षाओं में उनके लिए अवसर कम हो जाते हैं

दूसरी ओर कई युवा यह भी स्वीकार करते हैं कि:

- ऐतिहासिक असमानताओं को दूर करने के लिए कुछ विशेष उपाय आवश्यक हैं

इस विषय में सबसे बड़ी समस्या यह है कि बहस अक्सर भावनात्मक हो जाती है।

आवश्यक है कि इस विषय को:

- तथ्यों
- आँकड़ों
- सामाजिक न्याय और आर्थिक स्थिति

के आधार पर समझा जाए।

19.5 विवाह, गोत्र और बदलती परम्पराएँ

आज के शहरी ब्राह्मण समाज में विवाह की परम्पराएँ तेजी से बदल रही हैं।

पहले

- समान जाति और गोत्र का ध्यान रखा जाता था
- परिवार और पण्डित निर्णय लेते थे

आज

- अन्तरजातीय विवाह बढ़ रहे हैं
- प्रेम-विवाह सामान्य हो रहे हैं
- कई युवा गोत्र और उपजाति को महत्व नहीं देते

किन्तु कुछ परिवार अभी भी:

- गोत्र
- प्रवर
- कुलदेवी

का ध्यान रखते हैं।

इस प्रकार परम्परा और आधुनिकता साथ-साथ चल रही हैं।

19.6 ब्राह्मण और धर्म का बदलता सम्बन्ध

पहले ब्राह्मणों की पहचान धर्म और संस्कारों से बहुत गहराई से जुड़ी थी।

आज कई युवा:

- धार्मिक हैं, किन्तु कर्मकाण्ड से दूर हैं
- आध्यात्मिकता में रुचि रखते हैं
- योग, ध्यान और गीता को अधिक महत्व देते हैं

दूसरी ओर कुछ लोग पूरी तरह धर्मनिरपेक्ष या नास्तिक भी हो गये हैं।

फिर भी त्योहार, पूजा और पारिवारिक संस्कार अभी भी अधिकांश ब्राह्मण परिवारों में बने हुए हैं।

19.7 सोशल मीडिया और नई पहचान

सोशल मीडिया ने ब्राह्मण पहचान को नया रूप दिया है।

आज इंटरनेट पर:

- गोत्र और वंशावली समूह
- ब्राह्मण इतिहास के पृष्ठ
- सांस्कृतिक संगठन
- राजनीतिक बहस

बहुत सक्रिय हैं।

कुछ लोग अपनी परम्परा और इतिहास को पुनः खोजने का प्रयास कर रहे हैं।

किन्तु सोशल मीडिया पर कई बार:

- अतिशयोक्ति
- मिथक
- जातीय गर्व या घृणा

भी फैलती है।

इसलिए आवश्यक है कि जानकारी को इतिहास और प्रमाण के आधार पर परखा जाए।

19.8 प्रवासी ब्राह्मण और वैश्विक पहचान

अमेरिका, ब्रिटेन, कनाडा, ऑस्ट्रेलिया और खाड़ी देशों में बसे ब्राह्मण परिवारों की पहचान भारत से कुछ अलग हो गयी है।

विदेशों में रहने वाले लोग:

- भारतीय संस्कृति को बचाने का प्रयास करते हैं
- बच्चों को संस्कृत, श्लोक और त्योहार सिखाते हैं

किन्तु नई पीढ़ी में जाति की तुलना में:

- भारतीयता
- हिन्दू पहचान

- पेशेवर पहचान

अधिक महत्वपूर्ण होती जा रही है।

19.9 ब्राह्मण समाज की मुख्य चुनौतियाँ

आज ब्राह्मण समाज के सामने कई चुनौतियाँ हैं:

1. परम्परा और आधुनिकता के बीच संतुलन
2. संस्कृत और शास्त्रों का घटता ज्ञान
3. युवा पीढ़ी का परिवार और गोत्र से दूर होना
4. आर्थिक रूप से कमजोर ब्राह्मण परिवारों की स्थिति
5. सामाजिक और राजनीतिक ध्रुवीकरण

यदि केवल अतीत के गौरव पर बल दिया जाए और वर्तमान समस्याओं को न देखा जाए, तो समाज आगे नहीं बढ़ सकता।

19.10 भविष्य का ब्राह्मण कैसा होगा?

भविष्य में सम्भवतः ब्राह्मण की पहचान केवल जाति से नहीं, बल्कि:

- शिक्षा
- नैतिकता
- ज्ञान
- सांस्कृतिक स्मृति

- सामाजिक उत्तरदायित्व

से जुड़ी होगी।

यदि प्राचीन आदर्श को देखें, तो ब्राह्मण वह था जो:

- सत्यवादी हो
- विद्वान हो
- लोभ और अहंकार से मुक्त हो
- समाज के लिए कार्य करे

आज भी यदि कोई व्यक्ति इन गुणों को अपनाता है, तो वह उसी आदर्श के निकट माना जा सकता है।

19.11 क्या ब्राह्मण पहचान समाप्त हो जाएगी?

संभवतः नहीं।

किन्तु उसका रूप बदल जाएगा।

भविष्य में:

- उपजातियाँ कम महत्वपूर्ण होंगी
- गोत्र केवल सांस्कृतिक पहचान बन सकता है
- जाति से अधिक व्यक्तिगत उपलब्धि को महत्व मिलेगा

किन्तु इतिहास, परिवार और परम्परा की स्मृति पूरी तरह समाप्त नहीं होगी।

मिथक बनाम तथ्य

मिथक	तथ्य
आज सभी ब्राह्मण सम्पन्न हैं	अनेक परिवार आर्थिक रूप से संघर्ष कर रहे हैं
आधुनिक युवा परम्परा में रुचि नहीं रखते	कई युवा अपनी जड़ों को फिर से खोज रहे हैं
भविष्य में ब्राह्मण पहचान समाप्त हो जाएगी	उसका रूप बदलेगा, पर पूरी तरह समाप्त नहीं होगी
सभी ब्राह्मण आरक्षण के विरोधी हैं	इस विषय पर उनके विचार अलग-अलग हैं
आधुनिक ब्राह्मण केवल जाति से पहचाना जाता है	शिक्षा, पेशा और व्यक्तिगत पहचान भी महत्त्वपूर्ण हैं

निष्कर्ष

आधुनिक भारत में ब्राह्मण समाज एक बड़े परिवर्तन के दौर से गुजर रहा है। वह न तो पूरी तरह पुरानी परम्पराओं में बँधा है, और न ही उनसे पूरी तरह मुक्त हो गया है।

आज का ब्राह्मण इतिहास और आधुनिकता, परम्परा और विज्ञान, धर्म और पेशेवर जीवन—इन सबके बीच एक नया संतुलन खोज रहा है।

भविष्य में ब्राह्मण पहचान तभी सार्थक होगी जब वह केवल जन्म पर नहीं, बल्कि ज्ञान, नैतिकता और समाज के प्रति उत्तरदायित्व पर आधारित हो।

अध्याय 20 सामान्य प्रश्न, शंकाएँ और उनके उत्तर

(Frequently Asked Questions, Doubts and Their Answers)

ब्राह्मण, गोत्र, वर्ण, जाति और भारतीय इतिहास के विषय में लोगों के मन में अनेक प्रश्न उठते हैं। इन प्रश्नों में कुछ व्यक्तिगत होते हैं, कुछ सामाजिक और कुछ ऐतिहासिक।

बहुत से लोग यह जानना चाहते हैं कि उनका गोत्र क्या है, क्या गोत्र बदल सकता है, क्या ब्राह्मण होना केवल जन्म से है, क्या आज भी गोत्र का महत्व है, या क्या आधुनिक समाज में जाति की कोई भूमिका रह गयी है।

इस अध्याय में ऐसे ही सामान्य प्रश्नों और उनकी संक्षिप्त किन्तु स्पष्ट व्याख्या दी गयी है।

20.1 क्या ब्राह्मण केवल जन्म से बनता है?

नहीं, इस विषय में भारतीय परम्परा में दो विचार मिलते हैं।

- परम्परागत समाज में ब्राह्मण जन्म से माना गया
- किन्तु अनेक ग्रन्थों में कहा गया है कि ब्राह्मणत्व ज्ञान, गुण और आचरण से आता है

उदाहरण:

- विश्वामित्र

- सत्यकाम जाबाल
- वाल्मीकि

इनसे यह स्पष्ट होता है कि आदर्श रूप में ब्राह्मणत्व केवल जन्म नहीं, बल्कि ज्ञान और चरित्र से जुड़ा था।

20.2 मेरा उपनाम शर्मा/ मिश्र/ तिवारी है। मेरा गोत्र क्या होगा?

केवल उपनाम देखकर गोत्र नहीं बताया जा सकता।

उदाहरण:

- शर्मा उपनाम वाले व्यक्ति भारद्वाज, कश्यप, गौतम या वशिष्ठ—किसी भी गोत्र के हो सकते हैं
- मिश्र और तिवारी में भी यही स्थिति है

वास्तविक गोत्र जानने के लिए:

- परिवार के बुज़ुर्गों से पूछें
- पुराने विवाह या उपनयन के दस्तावेज देखें
- हरिद्वार, गया, प्रयाग आदि की वंशावली देखें

20.3 क्या गोत्र बदल सकता है?

सामान्यतः नहीं।

गोत्र पितृवंशीय माना जाता है और पिता से पुत्र को मिलता है।

किन्तु कुछ विशेष परिस्थितियों में:

- दत्तक ग्रहण
- संन्यास
- कुछ सम्प्रदायों की परम्परा

के कारण गोत्र-परम्परा में परिवर्तन माना जा सकता है।

20.4 क्या विवाह में समान गोत्र वर्जित है?

परम्परागत हिन्दू समाज में समान गोत्र में विवाह वर्जित माना गया है, क्योंकि समान गोत्र के लोगों को एक ही ऋषि का वंशज माना जाता है।

किन्तु:

- सभी क्षेत्रों में नियम समान नहीं हैं
- दक्षिण भारत में कुछ समुदायों में अलग नियम हैं
- आधुनिक समय में कई लोग इस नियम का पालन नहीं करते

20.5 क्या ब्राह्मण हमेशा शाकाहारी होते हैं?

नहीं।

आज अधिकांश ब्राह्मण शाकाहारी हैं, किन्तु:

- बंगाली ब्राह्मण

- कश्मीरी पण्डित
- कुछ दक्षिण भारतीय और कोंकणी ब्राह्मण

मांसाहार भी करते हैं।

20.6 क्या सभी ब्राह्मण एक जैसे होते हैं?

नहीं।

भारत में अनेक प्रकार के ब्राह्मण हैं:

- कान्यकुब्ज
- मैथिल
- सारस्वत
- अय्यर
- अयंगार
- नम्बूदरी
- चितपावन

इनकी भाषा, भोजन, गोत्र और परम्पराएँ अलग हैं।

20.7 क्या ब्राह्मणों ने ही जाति-व्यवस्था बनाई?

जाति-व्यवस्था केवल ब्राह्मणों द्वारा नहीं बनाई गयी। यह समाज, राजनीति, अर्थव्यवस्था और धर्म—सभी के प्रभाव से बनी।

हाँ, धर्मशास्त्रों और सामाजिक परम्पराओं के माध्यम से ब्राह्मणों ने इसे वैधता दी।

20.8 क्या आधुनिक समय में गोत्र का कोई महत्व है?

हाँ, कई परिवारों में आज भी गोत्र का महत्व है।

विशेषतः:

- विवाह
- उपनयन
- पूजा
- श्राद्ध

में गोत्र पूछा जाता है।

किन्तु आधुनिक शहरी समाज में इसका महत्व पहले से कम हो गया है।

20.9 क्या ब्राह्मण और ब्राह्मणवाद एक ही हैं?

नहीं।

- ब्राह्मण – एक समुदाय या जाति
- ब्राह्मणवाद – जन्म-आधारित श्रेष्ठता और सामाजिक पदानुक्रम की विचारधारा

कई ब्राह्मण स्वयं भी ब्राह्मणवाद के विरोधी रहे हैं।

20.10 क्या आज सभी ब्राह्मण सम्पन्न हैं?

नहीं।

कुछ ब्राह्मण परिवार सम्पन्न हैं, किन्तु अनेक परिवार आर्थिक रूप से कमजोर भी हैं।

ग्रामीण पुरोहित, छोटे पण्डित और संस्कृत शिक्षक अक्सर सीमित आय में जीवन बिताते हैं।

20.11 यदि किसी का उपनाम बदल जाए, तो क्या उसका गोत्र भी बदल जाता है?

नहीं।

उपनाम बदल सकता है, किन्तु गोत्र सामान्यतः वही रहता है जो परिवार का मूल गोत्र है।

20.12 क्या कोई गैर-ब्राह्मण ब्राह्मण बन सकता है?

आधुनिक समाज में जाति जन्म से जुड़ी मानी जाती है।

किन्तु आध्यात्मिक और दार्शनिक दृष्टि से अनेक ग्रन्थ कहते हैं कि:

- ज्ञान

- तप
- सत्य

से कोई भी व्यक्ति ब्राह्मणत्व के आदर्श को प्राप्त कर सकता है।

20.13 क्या सभी पण्डित ब्राह्मण होते हैं?

नहीं।

'पण्डित' का अर्थ है विद्वान।

कई बार यह शब्द ब्राह्मणों के लिए प्रयुक्त होता है, किन्तु किसी भी विद्वान व्यक्ति को पण्डित कहा जा सकता है।

20.14 क्या गोत्र और डीएनए का सम्बन्ध है?

कुछ सीमा तक।

गोत्र पितृवंशीय परम्परा है, इसलिए वह Y-chromosome से कुछ हद तक मेल खा सकता है।

किन्तु हजारों वर्षों में:

- विवाह
- दत्तक ग्रहण
- सामाजिक परिवर्तन

के कारण गोत्र और वास्तविक आनुवंशिकी हमेशा एक जैसे नहीं होते।

20.15 क्या ब्राह्मणों के पास आज भी पुरानी वंशावली होती है?

हाँ।

हरिद्वार, प्रयाग, गया, काशी और मिथिला के पण्डों के पास अनेक परिवारों की सैकड़ों वर्षों पुरानी वंशावलियाँ सुरक्षित हैं।

20.16 क्या अन्तरजातीय विवाह से गोत्र समाप्त हो जाता है?

नहीं।

यदि पिता का गोत्र माना जाए, तो सन्तान उसी गोत्र की मानी जाएगी।

किन्तु आधुनिक समाज में कई परिवार गोत्र को महत्व नहीं देते।

20.17 क्या आधुनिक भारत में ब्राह्मण पहचान समाप्त हो रही है?

पूरी तरह नहीं।

किन्तु उसका रूप बदल रहा है।

आज ब्राह्मण पहचान केवल जाति नहीं, बल्कि:

- शिक्षा
- संस्कृति

- पारिवारिक परम्परा

से भी जुड़ गयी है।

20.18 क्या जाति-व्यवस्था भविष्य में समाप्त हो जाएगी?

संभवतः धीरे-धीरे उसका महत्व कम होगा, विशेषतः शहरों और शिक्षित समाज में।

किन्तुः

- विवाह
- राजनीति
- सामाजिक पहचान

में जाति अभी भी प्रभाव रखती है।

20.19 क्या गोत्र जानना आवश्यक है?

यदि कोई व्यक्ति अपनी पारिवारिक परम्परा और इतिहास को जानना चाहता है, तो गोत्र जानना उपयोगी हो सकता है।

किन्तु किसी व्यक्ति का मूल्य केवल उसके गोत्र से नहीं होता।

20.20 सबसे महत्त्वपूर्ण बात क्या है?

भारतीय परम्परा में अन्ततः सबसे अधिक महत्त्व दिया गया हैः

- सत्य

- ज्ञान
- विनम्रता
- आचरण

यदि कोई व्यक्ति इन गुणों को अपनाता है, तो वही वास्तविक अर्थ में श्रेष्ठ माना जाता है।

“न जात्या ब्राह्मणो भवति, कर्मणा ब्राह्मणो भवति।”

त्वरित सार-सूची

प्रश्न	**संक्षिप्त उत्तर**
क्या ब्राह्मण जन्म से बनता है?	परम्परा में हाँ, आदर्श रूप में गुण और ज्ञान से
क्या उपनाम से गोत्र पता चलता है?	नहीं
क्या गोत्र बदल सकता है?	सामान्यतः नहीं
क्या समान गोत्र विवाह वर्जित है?	परम्परागत रूप से हाँ
क्या सभी ब्राह्मण शाकाहारी हैं?	नहीं
क्या ब्राह्मण और ब्राह्मणवाद समान हैं?	नहीं
क्या आज भी गोत्र का महत्व है?	कुछ हद तक
क्या सभी ब्राह्मण सम्पन्न हैं?	नहीं

निष्कर्ष

इस अध्याय का उद्देश्य किसी एक मत को सही सिद्ध करना नहीं, बल्कि सामान्य शंकाओं को स्पष्ट करना है। ब्राह्मण, गोत्र, जाति और

इतिहास के विषय में बहुत सी धारणाएँ अधूरी या भ्रमपूर्ण होती हैं।

यदि हम तथ्यों, इतिहास और मानवीय दृष्टि से इन प्रश्नों को देखें, तो हम अधिक सन्तुलित और समझदार निष्कर्ष तक पहुँच सकते हैं।

अध्याय 21 निष्कर्ष: ब्राह्मण परम्परा का वास्तविक अर्थ और भविष्य

(Conclusion: The Real Meaning and Future of the Brahmin Tradition)

इस पुस्तक की यात्रा आरम्भ हुई थी एक मूल प्रश्न से—ब्राह्मण कौन हैं? क्या वे केवल एक जाति हैं? क्या वे केवल पुरोहित हैं? क्या उनका इतिहास केवल गौरव का इतिहास है, या केवल अन्याय का?

बीस अध्यायों की इस विस्तृत चर्चा के बाद अब यह स्पष्ट हो जाता है कि ब्राह्मण परम्परा को किसी एक वाक्य, एक विचार या एक राजनीतिक दृष्टिकोण में बाँधना सम्भव नहीं है।

ब्राह्मण भारतीय इतिहास की सबसे प्राचीन और सबसे अधिक परिवर्तनशील परम्पराओं में से एक हैं। वे कभी ऋषि रहे, कभी गुरु, कभी पुरोहित, कभी दार्शनिक, कभी मन्त्री, कभी कवि, कभी सुधारक और कभी आलोचना के पात्र।

उनका इतिहास केवल सम्मान का नहीं, बल्कि संघर्ष, परिवर्तन, भूल, सुधार और पुनर्निर्माण का भी इतिहास है।

21.1 हमने क्या देखा?

इस पुस्तक में हमने ब्राह्मण परम्परा को अनेक दृष्टियों से समझने का प्रयास किया:

- वैदिक और उपनिषदिक काल
- गोत्र, प्रवर और वंश
- रामायण, महाभारत और पुराण
- बौद्ध, जैन और भक्ति आन्दोलन
- उत्तर और दक्षिण भारत की शाखाएँ
- औपनिवेशिक और आधुनिक भारत
- सामाजिक सुधार, जाति-विमर्श और राजनीति
- विज्ञान, साहित्य और राष्ट्रनिर्माण
- आधुनिक भारत और भविष्य

इन सभी अध्यायों से एक बात स्पष्ट होती है कि ब्राह्मण कोई स्थिर और एकरूप समुदाय नहीं रहे। वे समय के साथ बदलते रहे।

21.2 ब्राह्मण: जाति, गुण या आदर्श?

भारतीय परम्परा में ब्राह्मण शब्द के तीन अर्थ मिलते हैं:

1. एक जन्म-आधारित सामाजिक समुदाय
2. एक धार्मिक और सांस्कृतिक परम्परा
3. एक नैतिक और बौद्धिक आदर्श

आधुनिक विवाद प्रायः पहले अर्थ के कारण उत्पन्न होते हैं।

किन्तु यदि हम उपनिषद, गीता, बुद्ध, कबीर, विवेकानन्द और अनेक सुधारकों को देखें, तो वे बार-बार यह कहते हैं कि सच्चा ब्राह्मण वह है जो:

- सत्यवादी हो
- विद्वान हो
- विनम्र हो
- लोभ और अहंकार से मुक्त हो
- समाज के लिए कार्य करे

"ब्रह्म जानाति इति ब्राह्मणः।"

अर्थात् जो सत्य और ज्ञान को जानता है, वही वास्तविक अर्थ में ब्राह्मण है।

21.3 इतिहास की दो अतियाँ

ब्राह्मणों के विषय में आधुनिक समाज में प्रायः दो प्रकार की अतियाँ दिखाई देती हैं।

पहली अति

कुछ लोग ब्राह्मणों को सम्पूर्ण भारतीय संस्कृति, ज्ञान और नैतिकता का एकमात्र स्रोत मानते हैं।

यह दृष्टि अधूरी है, क्योंकि भारत की संस्कृति को अनेक समुदायों, जातियों, स्त्रियों, संतों, किसानों, शिल्पियों और अन्य परम्पराओं ने भी बनाया है।

दूसरी अति

कुछ लोग ब्राह्मणों को केवल शोषण, जाति और असमानता का प्रतीक मानते हैं।

यह भी अधूरा है, क्योंकि अनेक ब्राह्मणों ने:

- शिक्षा
- दर्शन
- साहित्य
- विज्ञान
- सामाजिक सुधार

में महत्त्वपूर्ण योगदान दिया।

इतिहास का सत्य इन दोनों अतियों के बीच है।

21.4 ब्राह्मण परम्परा की सबसे बड़ी देन

यदि पूछा जाए कि ब्राह्मण परम्परा की सबसे बड़ी देन क्या है, तो सम्भवतः उसका उत्तर होगा—ज्ञान की परम्परा।

वेद, उपनिषद, व्याकरण, गणित, खगोलशास्त्र, आयुर्वेद, दर्शन, साहित्य और स्मृति—इन सबको सुरक्षित रखने और आगे बढ़ाने में ब्राह्मणों की महत्त्वपूर्ण भूमिका रही।

किन्तु केवल ज्ञान पर्याप्त नहीं। भारतीय परम्परा ने ज्ञान के साथ विनम्रता और नैतिकता को भी जोड़ा।

"विद्या ददाति विनयम्।"

यदि विद्या अहंकार को बढ़ाए, तो वह अधूरी है। यदि वह सेवा, करुणा और सत्य को बढ़ाए, तभी वह सार्थक है।

21.5 सबसे बड़ी भूल क्या रही?

इतिहास यह भी दिखाता है कि कई बार ब्राह्मण समाज अपने मूल आदर्श से दूर हो गया।

जब:

- जन्म को गुण से अधिक महत्त्व दिया गया
- जाति को मानवता से ऊपर रखा गया
- ज्ञान को सबके साथ बाँटने के बजाय सीमित किया गया
- धर्म को करुणा के बजाय केवल कर्मकाण्ड बना दिया गया

तब समाज में असमानता और अन्याय बढ़ा।

यही कारण है कि बुद्ध, कबीर, फुले, अम्बेडकर और अनेक सुधारकों ने ब्राह्मणवाद की आलोचना की।

उनकी आलोचना का उद्देश्य किसी समुदाय से घृणा नहीं, बल्कि मूल आदर्शों की ओर लौटना था।

21.6 भविष्य का मार्ग

भविष्य में ब्राह्मण परम्परा तभी जीवित और सम्मानित रह सकती है जब वह:

- जन्म के बजाय गुण को महत्व दे
- ज्ञान को सबके लिए उपलब्ध बनाए
- जाति के बजाय मानवता को प्राथमिकता दे
- परम्परा और आधुनिकता के बीच संतुलन रखे
- विज्ञान और अध्यात्म दोनों का सम्मान करे

यदि कोई व्यक्ति आज भी:

- सत्य बोलता है
- सीखता है और दूसरों को सिखाता है
- विनम्र रहता है
- समाज की सेवा करता है

तो वह उसी आदर्श के निकट है जिसे भारतीय परम्परा ने 'ब्राह्मण' कहा।

21.7 क्या ब्राह्मण परम्परा समाप्त हो जाएगी?

नहीं।

किन्तु उसका स्वरूप बदल जाएगा।

भविष्य में सम्भवतः:

- उपनाम और उपजाति का महत्व कम होगा
- ज्ञान, शिक्षा और नैतिकता का महत्व अधिक होगा

- गोत्र सांस्कृतिक स्मृति बन जाएगा
- जाति की दीवारें धीरे-धीरे कमजोर होंगी

किन्तु जब तक भारत में ज्ञान, शास्त्र, भाषा, दर्शन और परिवार की स्मृति जीवित है, तब तक किसी न किसी रूप में ब्राह्मण परम्परा भी जीवित रहेगी।

21.8 अन्तिम सन्देश

इस पुस्तक का उद्देश्य किसी जाति का महिमामण्डन या अपमान नहीं था। इसका उद्देश्य था—इतिहास, परम्परा और समाज को सन्तुलित दृष्टि से समझना।

यदि इस पुस्तक को पढ़ने के बाद पाठक:

- अपने परिवार और इतिहास को बेहतर समझ सके
- मिथकों और पूर्वाग्रहों से ऊपर उठ सके
- ज्ञान और आचरण को जन्म से अधिक महत्त्व दे सके

तो इस पुस्तक का उद्देश्य पूरा हो जाएगा।

अन्ततः भारतीय परम्परा का सच्चा सन्देश यही है:

“न जात्या ब्राह्मणो भवति, कर्मणा ब्राह्मणो भवति।”

और इसी के साथ यह यात्रा पूर्ण होती है।

कालक्रम (Chronological Timeline)

काल	अनुमानित समय	मुख्य विशेषताएँ
ऋग्वैदिक काल	1500–1000 ई.पू.	वेद, ऋषि, यज्ञ, प्रारम्भिक वर्ण
उत्तरवैदिक काल	1000–600 ई.पू.	ब्राह्मण, आरण्यक, उपनिषद
महाकाव्य काल	600–200 ई.पू.	रामायण, महाभारत, धर्मशास्त्र
बौद्ध-जैन युग	600–200 ई.पू.	बुद्ध, महावीर, ब्राह्मणवाद की आलोचना
मौर्य और गुप्त काल	300 ई.पू.–600 ई.	चाणक्य, अशोक, गुप्त पुनरुत्थान
मध्यकाल	700–1700 ई.	शंकराचार्य, भक्ति आन्दोलन, आक्रमण
औपनिवेशिक काल	1757–1947	अंग्रेज़ी शिक्षा, सुधार आन्दोलन
आधुनिक भारत	1947–वर्तमान	आरक्षण, आधुनिक पहचान, वैश्वीकरण

परिशिष्ट – 1

प्रमुख गोत्र और प्रवर सूची

गोत्र	प्रवर	प्रमुख क्षेत्र
भारद्वाज	आंगिरस–भारद्वाज–बृहस्पत्य	उत्तर भारत, महाराष्ट्र
कश्यप	कश्यप–अवत्सार–नैध्रुव	सम्पूर्ण भारत
गौतम	आंगिरस–आयास्य–गौतम	उत्तर भारत, बिहार
वशिष्ठ	वशिष्ठ–शक्ति–पाराशर	उत्तर भारत, दक्षिण भारत
शाण्डिल्य	शाण्डिल्य–असित–देवल	मिथिला, बंगाल
कौशिक	विश्वामित्र–देवरात–औदालक	उत्तर भारत, गुजरात
अत्रि	आत्रेय–आर्चनानस–श्यावाश्व	दक्षिण भारत, महाराष्ट्र
जमदग्नि	भृगु–च्यवन–आप्नवान–और्व–जमदग्नि	उत्तर भारत
पराशर	वशिष्ठ–शक्ति–पाराशर	उत्तर भारत
हरित	आंगिरस–अम्बरीष–हरित	आन्ध्र, महाराष्ट्र
गर्ग	आंगिरस–गर्ग–शैन्य	राजस्थान, उत्तर प्रदेश
भृगु	भृगु–च्यवन–और्व	गुजरात, महाराष्ट्र
कात्यायन	आंगिरस–कात्य–कात्यायन	उत्तर भारत
अगस्त्य	अगस्त्य–दधीचि–जैमिनि	दक्षिण भारत
कपिल	कपिल–आसुरि–पंचशिख	बंगाल

परिशिष्ट - 2

राज्यवार प्रमुख ब्राह्मण समुदाय

उत्तर प्रदेश

- कान्यकुब्ज
- सरयूपारीण
- सनाढ्य
- गौड़

बिहार

- मैथिल
- मगही ब्राह्मण
- भोजपुरी ब्राह्मण

राजस्थान

- गौड़
- श्रीमाली
- पुष्करणा

गुजरात

- नागर

- औदिच्य
- मोढ

महाराष्ट्र

- देशस्थ
- चितपावन
- करहाड़े
- सारस्वत

कर्नाटक

- स्मार्त
- माध्व
- हविक

तमिलनाडु

- अय्यर
- अयंगार

केरल

- नम्बूदरी

कश्मीर

- कश्मीरी पण्डित

परिशिष्ट – 3

प्रमुख संस्कृत उद्धरण और उनका अर्थ

“ब्रह्म जानाति इति ब्राह्मणः।”

अर्थः जो ब्रह्म या सत्य को जानता है, वही ब्राह्मण है।

“चातुर्वर्ण्यं मया सृष्टं गुणकर्मविभागशः।” — गीता

अर्थः चार वर्ण गुण और कर्म के आधार पर हैं।

“न जात्या ब्राह्मणो भवति, कर्मणा ब्राह्मणो भवति।”

अर्थः जन्म से नहीं, कर्म से मनुष्य श्रेष्ठ बनता है।

“विद्या ददाति विनयम्।”

अर्थः विद्या विनम्रता देती है।

“जाति न पूछो साधु की, पूछ लीजिए ज्ञान।” — कबीर

अर्थः मनुष्य की श्रेष्ठता जन्म से नहीं, ज्ञान से है।

“Educate, Agitate, Organize.” — डॉ. अम्बेडकर

अर्थः शिक्षा, संघर्ष और संगठन से समाज बदलता है।

शब्दावली

शब्द	अर्थ
गोत्र	किसी ऋषि से जुड़ी पितृवंशीय परम्परा
प्रवर	गोत्र के प्रमुख ऋषियों की सूची

शब्द	अर्थ
वर्ण	प्राचीन समाज का चार-भागीय विभाजन
जाति	सामाजिक और पारिवारिक समुदाय
शाखा	वेद या समुदाय की उपशाखा
सूत्र	वैदिक नियमों का संक्षिप्त ग्रन्थ
उपनयन	यज्ञोपवीत संस्कार
अग्रहार	ब्राह्मणों को दी गयी भूमि
श्रुति	वेद और उपनिषद
स्मृति	मनुस्मृति, धर्मशास्त्र आदि

संदर्भ ग्रन्थसूची

प्राचीन ग्रन्थ

- ऋग्वेद
- यजुर्वेद
- उपनिषद
- भगवद्गीता
- मनुस्मृति
- महाभारत
- रामायण
- पुराण
- अर्थशास्त्र

- चरक संहिता
- सुश्रुत संहिता

आधुनिक हिन्दी ग्रन्थ

- रामधारी सिंह दिनकर – संस्कृति के चार अध्याय
- हजारीप्रसाद द्विवेदी – भारतीय संस्कृति की रूपरेखा
- राहुल सांकृत्यायन – दर्शन-दिग्दर्शन

आधुनिक अंग्रेज़ी ग्रन्थ

- R. S. Sharma – Sudras in Ancient India
- Romila Thapar – Early India
- D. D. Kosambi – An Introduction to the Study of Indian History
- M. N. Srinivas – Social Change in Modern India
- Louis Dumont – Homo Hierarchicus
- Nicholas Dirks – Castes of Mind

संदर्भ, स्रोत और अध्ययन-पद्धति

(References, Sources, Methodology and Further Reading)

किसी भी ऐतिहासिक या सामाजिक विषय को समझने के लिए केवल परम्परा, लोककथा या व्यक्तिगत विश्वास पर्याप्त नहीं होते। यदि हम ब्राह्मण, गोत्र, वर्ण, जाति और भारतीय इतिहास जैसे विषयों को गम्भीरता से समझना चाहते हैं, तो हमें विभिन्न प्रकार के स्रोतों का सहारा लेना पड़ता है।

इस पुस्तक की रचना करते समय प्राचीन धर्मग्रन्थों, इतिहास, पुरातत्त्व, समाजशास्त्र, भाषाविज्ञान, आनुवंशिकी, आधुनिक शोध और लोक-परम्पराओं—इन सभी को ध्यान में रखा गया है।

इस अध्याय का उद्देश्य केवल पुस्तकों की सूची देना नहीं, बल्कि यह बताना है कि किसी विषय को समझने के लिए कौन-कौन से स्रोत उपयोगी हैं, उनकी सीमाएँ क्या हैं, और उन्हें किस प्रकार पढ़ा जाना चाहिए।

1. स्रोतों के प्रकार

ब्राह्मण और भारतीय समाज के अध्ययन में सामान्यतः पाँच प्रकार के स्रोत उपयोगी होते हैं:

1. प्राचीन धर्मग्रन्थ
2. ऐतिहासिक और पुरातात्त्विक स्रोत
3. आधुनिक इतिहास और समाजशास्त्र

4. वंशावली, गोत्र और पारिवारिक परम्परा

5. आधुनिक विज्ञान और आनुवंशिकी

इनमें से कोई भी स्रोत अकेले सम्पूर्ण सत्य नहीं देता। सही समझ तभी बनती है जब हम इन सबको मिलाकर देखें।

2. प्राचीन धर्मग्रन्थ

2.1 वेद

वेद भारतीय परम्परा के सबसे प्राचीन ग्रन्थ माने जाते हैं।

प्रमुख वेद

- ऋग्वेद
- यजुर्वेद
- सामवेद
- अथर्ववेद

इनमें हमें मिलता है:

- प्रारम्भिक वर्ण-व्यवस्था
- ऋषि और गोत्र परम्परा
- यज्ञ और पुरोहित की भूमिका
- समाज और धर्म की प्रारम्भिक संरचना

सीमाएँ

- वेद इतिहास-पुस्तक नहीं हैं
- उनमें प्रतीकात्मक और धार्मिक भाषा है
- उन्हें आधुनिक अर्थ में शाब्दिक इतिहास की तरह नहीं पढ़ना चाहिए

2.2 ब्राह्मण, आरण्यक और उपनिषद

ये ग्रन्थ वैदिक युग के बाद की धार्मिक और दार्शनिक सोच को समझने में सहायता करते हैं।

उपयोगिता

- ब्राह्मणों की भूमिका
- यज्ञ और ज्ञान का सम्बन्ध
- आत्मा, ब्रह्म और मोक्ष की अवधारणा
- "ब्रह्म जानाति इति ब्राह्मणः" जैसे विचार

प्रमुख ग्रन्थ

- शतपथ ब्राह्मण
- ऐतरेय ब्राह्मण
- बृहदारण्यक उपनिषद
- छान्दोग्य उपनिषद
- कठोपनिषद

2.3 महाभारत, रामायण और पुराण

इन ग्रन्थों में ब्राह्मणों की सामाजिक और नैतिक छवि दिखाई देती है।

इनसे हमें क्या मिलता है?

- वशिष्ठ, विश्वामित्र, द्रोण, परशुराम जैसे पात्र
- गोत्र और वंश की परम्परा
- ब्राह्मण और राजसत्ता का सम्बन्ध
- समाज में धर्म और जाति की भूमिका

सावधानी

इन ग्रन्थों में इतिहास, मिथक और धर्म—तीनों मिले हुए हैं। इसलिए इन्हें पूरी तरह तथ्य या पूरी तरह कल्पना मानना—दोनों गलत हैं।

3. धर्मशास्त्र और स्मृतियाँ

ब्राह्मण, वर्ण और जाति के विषय में सबसे अधिक चर्चा धर्मशास्त्रों और स्मृतियों में मिलती है।

प्रमुख ग्रन्थ

- मनुस्मृति
- याज्ञवल्क्य स्मृति
- नारद स्मृति
- पराशर स्मृति

इनका महत्त्व

- सामाजिक नियम
- विवाह और गोत्र
- वर्ण-व्यवस्था
- धर्म और आचरण

सीमाएँ

- ये आदर्श नियम बताते हैं, वास्तविक समाज नहीं
- समाज हमेशा इन नियमों का पालन नहीं करता था
- इसलिए केवल मनुस्मृति पढ़कर पूरे भारतीय समाज को समझना उचित नहीं है

4. ऐतिहासिक और पुरातात्त्विक स्रोत

यदि हम यह जानना चाहते हैं कि वास्तव में किसी समय में समाज कैसा था, तो केवल धर्मग्रन्थ पर्याप्त नहीं हैं।

हमें आवश्यकता होती है:

- अभिलेखों (inscriptions)
- सिक्कों
- ताम्रपत्रों
- यात्रियों के विवरण

- पुरातत्त्व

की।

उदाहरण

- अशोक के अभिलेख
- गुप्तकालीन ताम्रपत्र
- दक्षिण भारत के मंदिर अभिलेख
- हरिद्वार और गया की वंशावली

विदेशी यात्रियों के विवरण

- मेगस्थनीज
- फाह्यान
- ह्वेनसांग
- अलबरूनी

इनसे हमें पता चलता है कि भारतीय समाज और ब्राह्मणों की वास्तविक स्थिति क्या थी।

5. आधुनिक इतिहासकार

आधुनिक इतिहासकार प्राचीन ग्रन्थों और पुरातत्त्व का अध्ययन करके भारतीय समाज की नई व्याख्या करते हैं।

5.1 राष्ट्रवादी इतिहासकार

इन इतिहासकारों ने भारतीय संस्कृति और ब्राह्मण परम्परा की सकारात्मक भूमिका पर बल दिया।

प्रमुख नाम

- आर. सी. मजूमदार
- के. पी. जायसवाल
- पं. भगवद्दत्त

विशेषता

- भारतीय परम्परा का सम्मान
- प्राचीन उपलब्धियों पर बल

सीमा

कभी-कभी ये इतिहासकार अतीत का आदर्शीकरण कर देते हैं।

5.2 मार्क्सवादी और समाजशास्त्रीय इतिहासकार

इन इतिहासकारों ने जाति, वर्ग और सत्ता के दृष्टिकोण से इतिहास को समझा।

प्रमुख नाम

- डी. डी. कोसांबी
- आर. एस. शर्मा
- रोमिला थापर

- इरफ़ान हबीब

विशेषता

- समाज और अर्थव्यवस्था पर बल
- जाति और असमानता की आलोचना

सीमा

कभी-कभी ये ब्राह्मणों और धर्म की भूमिका को केवल शोषण के रूप में देख लेते हैं।

5.3 समाजशास्त्री

समाजशास्त्रियों ने आधुनिक भारत में जाति और ब्राह्मण समाज का अध्ययन किया।

प्रमुख नाम

- एम. एन. श्रीनिवास
- जी. एस. घुर्ये
- आन्द्रे बेटिए
- लुई ड्यूमों

प्रमुख अवधारणाएँ

- संस्कृतिकरण (Sanskritization)
- जाति और सामाजिक परिवर्तन
- ब्राह्मणवाद और आधुनिकता

6. गोत्र और वंशावली के स्रोत

यदि कोई व्यक्ति अपने परिवार और गोत्र का अध्ययन करना चाहता है, तो निम्न स्रोत सबसे उपयोगी हैं:

- परिवार के बुज़ुर्ग
- विवाह-पत्रिका
- उपनयन संस्कार के दस्तावेज
- पण्डों की वंशावली
- हरिद्वार, प्रयाग, गया, काशी के रजिस्टर

मैथिल पंजी

मिथिला में आज भी पंजी-प्रथा चलती है, जिसमें परिवारों का गोत्र, वंश और विवाह-इतिहास सुरक्षित रहता है।

सावधानी

- हर परिवार की परम्परा अलग हो सकती है
- एक ही उपनाम के अनेक गोत्र हो सकते हैं

7. आनुवंशिकी और डीएनए

आज कुछ लोग गोत्र और डीएनए के सम्बन्ध को समझने का प्रयास कर रहे हैं।

आधुनिक शोध क्या कहता है?

- गोत्र पितृवंशीय परम्परा है
- इसलिए उसका सम्बन्ध Y-chromosome से कुछ सीमा तक हो सकता है

किन्तुः

- हजारों वर्षों में विवाह और सामाजिक परिवर्तन हुए
- इसलिए गोत्र और डीएनए हमेशा एक जैसे नहीं होते

उपयोगी शोध क्षेत्र

- Population Genetics
- South Asian DNA Studies
- Y-Chromosome Research

सावधानी

किसी भी जाति या गोत्र को 'शुद्ध' या 'श्रेष्ठ' सिद्ध करने के लिए आनुवंशिकी का उपयोग करना गलत और वैज्ञानिक रूप से अनुचित है।

8. कौन-सी पुस्तकें सबसे अधिक उपयोगी हैं?

8.1 प्रारम्भिक अध्ययन के लिए

- रामधारी सिंह दिनकर – संस्कृति के चार अध्याय
- हजारीप्रसाद द्विवेदी – भारतीय संस्कृति की रूपरेखा

- राहुल सांकृत्यायन – दर्शन-दिग्दर्शन

8.2 जाति और ब्राह्मण समाज के लिए

- जी. एस. घुर्ये – Caste and Race in India
- एम. एन. श्रीनिवास – Social Change in Modern India
- Louis Dumont – Homo Hierarchicus
- Nicholas Dirks – Castes of Mind

8.3 प्राचीन भारत के इतिहास के लिए

- Romila Thapar – Early India
- R. S. Sharma – Sudras in Ancient India
- D. D. Kosambi – An Introduction to the Study of Indian History

8.4 ब्राह्मण और धर्मग्रन्थ के लिए

- P. V. Kane – History of Dharmashastra
- Patrick Olivelle – The Early Upanishads
- Wendy Doniger – The Laws of Manu

9. शोध करते समय किन बातों का ध्यान रखें?

1. केवल एक स्रोत पर विश्वास न करें
2. धर्मग्रन्थ और इतिहास में अन्तर समझें
3. इंटरनेट या सोशल मीडिया की हर बात सही नहीं होती

4. किसी भी जाति या समुदाय को एक ही रूप में न देखें
5. इतिहास को न तो केवल गौरव की दृष्टि से देखें, न केवल अपराध की दृष्टि से

10. इस पुस्तक की अध्ययन-पद्धति

इस पुस्तक में प्रयत्न किया गया है कि:

- प्राचीन ग्रन्थों का सम्मान किया जाए
- आधुनिक शोध को भी ध्यान में रखा जाए
- न तो अन्ध-गौरव किया जाए, और न ही अन्ध-आलोचना

अतः जहाँ सम्भव था, वहाँ:

- धर्मग्रन्थ
- इतिहास
- समाजशास्त्र
- आधुनिक शोध

सभी को साथ रखकर निष्कर्ष निकाला गया है।

प्रमुख ग्रन्थसूची

संस्कृत और हिन्दी

- ऋग्वेद

- यजुर्वेद
- उपनिषद
- भगवद्गीता
- मनुस्मृति
- महाभारत
- रामायण
- विष्णु पुराण
- भागवत पुराण
- चरक संहिता
- सुश्रुत संहिता
- अर्थशास्त्र
- संस्कृति के चार अध्याय – रामधारी सिंह दिनकर
- भारतीय संस्कृति की रूपरेखा – हजारीप्रसाद द्विवेदी
- दर्शन-दिग्दर्शन – राहुल सांकृत्यायन

अंग्रेज़ी

- R. S. Sharma – Sudras in Ancient India
- Romila Thapar – Early India
- D. D. Kosambi – An Introduction to the Study of Indian History

- M. N. Srinivas – Social Change in Modern India
- G. S. Ghurye – Caste and Race in India
- Louis Dumont – Homo Hierarchicus
- Nicholas Dirks – Castes of Mind
- P. V. Kane – History of Dharmashastra
- Patrick Olivelle – The Early Upanishads
- Wendy Doniger – The Laws of Manu

निष्कर्ष

सन्दर्भ और स्रोत किसी भी पुस्तक की आत्मा होते हैं। यदि हम केवल सुनी-सुनायी बातों या पूर्वाग्रहों के आधार पर इतिहास को समझने का प्रयास करेंगे, तो हम सत्य से दूर चले जाएँगे।

ब्राह्मण, गोत्र, जाति और भारतीय इतिहास जैसे विषयों को समझने के लिए आवश्यक है कि हम प्राचीन ग्रन्थों का सम्मान करें, आधुनिक शोध को भी देखें, और दोनों के बीच सन्तुलन बनाकर चलें।

अनुक्रमणिका (Index)

www.ingramcontent.com/pod-product-compliance
Lightning Source LLC
LaVergne TN
LVHW101614210926
848480LV00010B/942